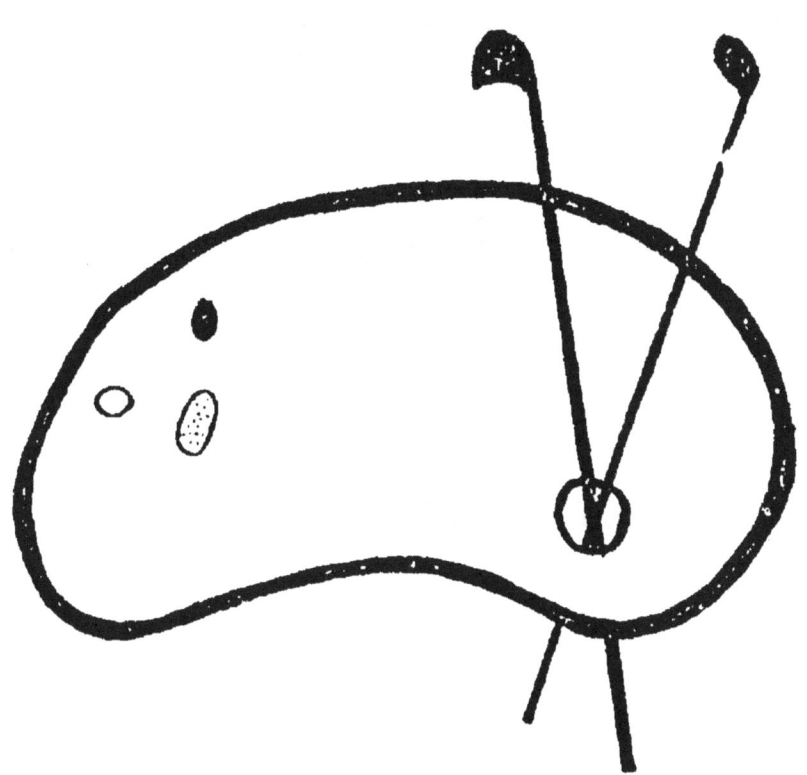

COUVERTURE SUPERIEURE ET INFERIEURE
EN COULEUR

LA FEMME
AU COLLIER
DE VELOURS

PAR

ALEXANDRE DUMAS.

2

PARIS
ALEXANDRE CADOT, ÉDITEUR,
52, RUE DE LA HARPE.
—
1850

EN VENTE :

LES ENFANTS DE L'AMOUR,
Par EUGÈNE SUE.
4 volumes in-8 (*Ouvrage complet*).

Nouveaux Livres d'ALEXANDRE DUMAS sous presse.

DIEU DISPOSE.

LA TULIPE NOIRE.

OLYMPE DE CLÈVES.

Pour paraître prochainement :

LE BOUT DE L'OREILLE,
Par A. DE GONDRECOURT.

LA FEMME AU COLLIER DE VELOURS.

Ouvrages d'Alexandre Dumas fils

Tristan le Roux. . . . . 3 vol.
La Dame aux camélias. . . . . 2 vol.
Aventures de quatre femmes . . . . . 6 vol.
Le docteur Servans . . . . 2 vol.
Le Roman d'une femme . . . . 4 vol.
Césarine . . . . 1 vol.

Sous presse.

Diane de Lys.
Les Amours véritables.

Ouvrages de Xavier de Montépin.

Le Loup noir . . . . 2 vol.
Confessions d'un Bohême . . . . . . 3 vol.
Les Chevaliers du Lansquenet . . . . 10 vol.
Les Viveurs d'autrefois . . . . 4 vol.
Pivoine . . . . 2 vol.
Les Amours d'un Fou . . . . 4 vol.

Sous presse.

Le Vicomte Raphaël.
Mignonne.

Ouvrages d'Eugène Sue.

Les Enfants de l'Amour. . . . . . . 4 vol.
Les Sept Péchés Capitaux. . . . . . 16 vol.

Sous presse :

L'Institutrice.
L'Avarice.
La Gourmandise.

Impr. de E. Dépée, à Sceaux (Seine).

LA FEMME
AU COLLIER
DE VELOURS

PAR

ALEXANDRE DUMAS.

2

PARIS
ALEXANDRE CADOT, ÉDITEUR,
32, RUE DE LA HARPE.
—
1850

I

Comment les musées et les bibliothèques étaient fermés, mais comment la place de la Révolution était ouverte.

La chambre qui pendant quinze jours devait servir de Paradis terrestre à Hoffmann renfermait un lit, nous le connaissons, une table et deux chaises.

Elle avait une cheminée ornée de deux vases de verre bleu meublés de fleurs artificielles. Un génie de la Liberté en sucre s'épanouissait sous une cloche de cristal dans laquelle se reflétaient son drapeau tricolore et son bonnet rouge.

Un chandelier en cuivre, une encoignure en vieux bois de rose, une tapisserie du XII° siècle pour rideau, voilà tout l'ameublement tel qu'il apparut aux premiers rayons du jour.

Cette tapisserie représentait Orphéus jouant du violon pour reconquérir Euridice, et le violon rappela tout naturellement Zacharias Werner a la mémoire d'Hoffmann.

— Cher ami, pensa notre voyageur, il

est à Paris, moi aussi ; nous sommes ensemble et je le verrai aujourd'hui ou demain au plus tard.

Par où vais-je commencer ? Comment vais-je m'y prendre pour ne pas perdre le temps du bon Dieu, et pour tout voir en France ?

Depuis plusieurs jours je ne vois que des tableaux vivants très laids, allons au salon du Louvre, de l'ex-tyran, je verrai tous les beaux tableaux qu'il avait, les Rubens, les Poussin ; allons vite.

Il se leva pour examiner, en attendant, le tableau panoramique de son quartier.

Un ciel gris, terne ; de la boue noire sous des arbres blancs, une population affairée, avide de courir, et un certain bruit, pareil au murmure de l'eau qui coule. Voilà tout ce qu'il découvrit.

C'était peu fleuri. Hoffmann ferma sa fenêtre, déjeûna, et sortit, pour voir d'abord l'ami Zacharias Werner.

Mais, sur le point de prendre une direction, il se rappela que Werner n'avait jamais donné son adresse, sans laquelle il était difficile de le rencontrer.

Ce ne fut pas un mince désappointement pour Hoffmann.

Mais bientôt :

— Fou que je suis, pensa-t-il : ce que j'aime, Zacharias l'aime aussi. J'ai envie de voir de la peinture, il aura eu envie de voir de la peinture. Je trouverai lui ou sa trace dans le Louvre. Allons au Louvre.

Le Louvre, on le voyait du parapet. Hoffmann se dirigea droit vers le monument.

Mais il eut la douleur d'apprendre à la porte que les Français depuis qu'ils étaient libres, ne s'amollissaient pas à voir de la peinture d'esclaves, et que, en admettant, ce qui n'est pas probable, que la commune de Paris, n'eût pas déjà rôti toutes les croûtes, pour allumer les fonderies d'armes de guerre, on se garderait bien de ne pas nourrir de toute cette huile, des rats destinés à la nourriture des patriotes, du jour où les Prussiens viendraient assiéger Paris.

Hoffmann sentit que la sueur lui montait au front; l'homme qui lui parlait ainsi avait une certaine façon de parler qui sentait son importance. On saluait fort ce beau diseur.

Hoffmann apprit d'un des assistants qu'il avait eu l'honneur de parler au citoyen Simon, gouverneur *des enfants de France*, et conservateur des musées royaux.

— Je ne verrai point de tableaux, dit-il en soupirant, ah! c'est dommage! mais je m'en irai à la bibliothèque du feu roi, et à défaut de peinture, j'y verrai des estampes, des médailles, et des manuscrits; j'y verrai le tombeau de Childéric, père de Clovis, et les globes céleste et terrestre du père Coronelli.

Hoffmann eut la douleur, en arrivant, d'apprendre que la nation française, regardant comme une source de corruption et d'incivisme la science et la littérature, avait fermé toutes les officines où conspiraient de prétendus savants et de prétendus littérateurs, le tout par mesure d'humanité, pour s'épargner la peine de guillotiner ces pauvres diables. D'ailleurs, même sous le tyran, la bibliothèque n'était ouverte que deux fois la semaine.

Hoffmann dut se retirer sans avoir rien vu; il dut même oublier de demander des nouvelles de son ami Zacharias.

Mais comme il était persévérant, il s'obstina et voulut voir le Musée Sainte-Avoie.

On lui apprit alors que le propriétaire avait été guillotiné l'avant-veille.

Il s'en alla jusqu'au Luxembourg ; mais ce palais était devenu prison.

A bout de forces et de courage, il reprit le chemin de son hôtel, pour reposer un peu ses jambes, rêver à Antonia, à Zacharias, et fumer dans la solitude une bonne pipe de deux heures.

Mais, ô prodige! ce quai aux fleurs, si calme, si désert, était noir d'une multitude de gens rassemblés, qui se démenaient et vociféraient d'une façon inharmonieuse.

Hoffmann, qui n'était pas grand, ne voyait rien par-dessus les épaules de tous ces gens-là ; il se hâta de percer la foule avec ses coudes pointus et de rentrer dans sa chambre.

Il se mit à sa fenêtre.

Tous les regards se tournèrent aussitôt vers lui, et il en fut embarrassé un moment, car il remarqua combien peu de fenêtres étaient ouvertes. Cependant la curiosité des assistants se porta bientôt sur un autre point que la fenêtre d'Hoffmann, et le jeune homme fit comme les curieux, il regarda le porche d'un grand bâtiment noir à toits aigus, dont le clocheton surmontait une grosse tour carrée.

Hoffmann appela l'hôtesse.

— Citoyenne, dit-il, qu'est-ce que cet édifice? je vous prie.

— Le Palais, Citoyen.

— Et que fait-on au Palais?

— Au Palais-de-Justice, citoyen? on y juge.

— Je croyais qu'il n'y avait plus de tribunaux.

— Si fait, il y a le tribunal révolutionnaire.

— Ah! c'est vrai... et tous ces braves gens?

— Attendent l'arrivée des charrettes.

—Comment des charrettes ? je ne comprends pas bien, excusez-moi, je suis étranger.

—Citoyen, les charrettes, c'est comme qui dirait des corbillards pour les gens qui vont mourir.

—Ah ! mon Dieu !

—Oui, le matin arrivent les prisonniers qui viennent se faire juger au tribunal révolutionnaire.

—Bien.

— A quatre heures tous les prisonniers sont jugés, on les emballe dans les charrettes que le citoyen Fouquier a requises à cet effet.

— Qu'est-ce que cela, le citoyen Fouquier ?

— L'accusateur public.

— Fort bien, et alors ?

— Et alors, les charrettes s'en vont au petit trot à la place de la Révolution, où la guillotine est en permanence.

— En vérité !

— Quoi ! vous êtes sorti, et vous n'êtes pas allé voir la guillotine ; c'est la première chose que les étrangers visitent en arrivant; il paraît que nous autres Français nous avons seuls des guillotines.

— Je vous en fais mon compliment, Madame.

— Dites, citoyenne.

— Pardon.

— Tenez, voici les charrettes qui arrivent...

— Vous vous retirez, citoyenne ?

— Oui, je n'aime *plus* voir cela.

Et l'hôtesse se retira.

Hoffmann la prit doucement par le bras.

— Excusez-moi si je vous fais une question, dit-il.

— Faites.

— Pourquoi dites-vous que vous n'aimez *plus* voir cela ? j'aurais dit, moi, je n'aime *pas*.

— Voici l'histoire Citoyen. Dans le commencement on guillotinait des aristocrates très méchants à ce qu'il paraît. Ces gens-là portaient la tête si droite, ils avaient tous l'air si insolent, si provocateur, que la pitié ne venait pas facilement mouiller nos yeux. On regardait donc volontiers. C'était un beau spectacle que cette lutte des courageux ennemis de la nation contre la mort. Mais voilà qu'un jour j'ai vu monter sur la charrette un vieillard dont la tête battait les ridelles de la voiture. C'était douloureux. Le lendemain je vis des religieuses. Un autre jour je vis un enfant de quatorze ans, et enfin je vis une jeune fille dans une charrette, sa mère était dans l'autre, et ces deux pauvres femmes s'envoyaient des baisers sans se dire une parole. Elles étaient si pâles, elles avaient le regard si sombre, un si fatal sourire aux lèvres, ces doigts qui remuaient seuls pour pétrir le baiser sur leur bouche, étaient si tremblants et si nacrés, que jamais je n'oublierai cet horrible spectacle et que j'ai juré de ne plus m'exposer à le voir jamais.

— Ah ! ah ! dit Hoffmann en s'éloignant de la fenêtre, c'est comme cela ?

— Oui, citoyen. Eh bien ! que faites-vous ?

— Je ferme la fenêtre, Citoyenne.

— Pourquoi faire ?

— Pour ne pas voir.

— Vous ! un homme !

— Voyez-vous, Citoyenne, je suis venu à Paris pour étudier les arts et respirer un air libre. Eh bien! si par malheur, je voyais un de ces spectacles dont vous venez de me parler, si je voyais une jeune fille ou une femme traînée à la mort en regrettant la vie, Citoyenne, je penserais à ma fiancée, que j'aime, et qui, peut-être... Non, Citoyenne, je ne resterai pas plus longtemps dans cette chambre; en avez-vous une sur les derrières de la maison?

— Chut! malheureux, vous parlez trop haut; si mes officieux vous entendent...

— Vos officieux ! qu'est-ce que cela, officieux ?

— C'est un synonyme républicain de valet.

— Eh bien ! si vos valets n'entendent, qu'arrivera-t-il ?

— Il arrivera que, dans trois ou quatre jours, je pourrais vous voir de cette fenêtre sur une des charrettes à quatre heures de l'après-midi.

Cela dit avec mystère, la bonne dame descendit précipitamment, et Hoffmann l'imita.

Il se glissa hors de la maison, résolu

à tout pour échapper au spectacle populaire.

Quand il fut au coin du quai, le sabre des gendarmes brilla, un mouvement se fit dans la foule, les masses hurlèrent et se prirent à courir.

Hoffmann à toutes jambes gagna la rue Saint-Denis, dans laquelle il s'enfonça comme un fou ; il fit, pareil au chevreuil, plusieurs voltes dans différentes petites rues et disparut dans ce dédale de ruelles qui s'embrouillent entre le quai de la Ferraille et les halles.

Il respira enfin en se voyant rue de la Ferronnerie, où, avec la sagacité du poëte et du peintre il devina la place célèbre par l'assassinat de Henri IV.

Puis, toujours marchant, toujours cherchant, il arriva au milieu de la rue Saint-Honoré. Partout les boutiques se fermaient sur son passage. Hoffmann admirait la tranquillité de ce quartier; les boutiques ne se fermaient pas seules, les fenêtres de certaines maisons se calfeutraient avec mesure, comme si elles eussent reçu un signal.

Cette manœuvre fut bientôt expliquée à Hoffmann; il vit les fiacres se détourner et prendre les rues latérales; il entendit un galop de chevaux et reconnut des gendarmes; puis derrière eux, dans la première brume du soir, il entrevit un pêle-mêle affreux de haillons, de bras levés, de piques brandies et d'yeux flamboyants.

Au-dessus de tout cela, une charrette.

De ce tourbillon qui venait à lui sans qu'il pût se cacher ou s'enfuir, Hoffmann entendit sortir des cris tellement aigus, tellement lamentables, que rien de si affreux n'avait jusqu'à ce soir-là frappé ses oreilles.

Sur la charrette était une femme vêtue de blanc. Ces cris s'hexalaient des lèvres, de l'âme, de tout le corps soulevé de cette femme.

Hoffmann sentit ses jambes lui manquer. Ces hurlements avaient rompu les faisceaux nerveux, il tomba sur une borne, la tête adossée à des contrevents de boutique mal joints encore, tant la fermeture de cette boutique avait été précipitée.

La charrette arriva au milieu de son escorte de bandits et de femmes hideuses, ses satellites ordinaires ; mais, chose étrange, toute cette lie ne bouillonnait pas, tous ces reptiles ne croassaient pas, la victime seule se tordait entre les bras de deux hommes et criait secours au ciel, à la terre, aux hommes et aux choses.

Hoffmann entendit soudain dans son oreille, par la fente du volet, ces mots prononcés tristement par une voix d'homme jeune :

— Pauvre Du Barry ! te voilà donc !

— Madame Du Barry ! s'écria Hoffmann, c'est elle, c'est elle qui passe là sur cette charrette !

— Oui, monsieur, répondit la voix basse et dolente à l'oreille du voyageur, et, de si près, qu'à travers les planches il sentait le souffle chaud de son interlocuteur.

La pauvre Du Barry se tenait droite et cramponnée au col mouvant de la charrette ; ses cheveux châtains, l'orgueil de sa beauté, avaient été coupés sur la nuque, mais retombaient sur les tempes en longues mèches trempées de sueur ; belle avec ses grands yeux hagards, avec sa petite bouche, trop petite pour les cris affreux qu'elle poussait ; la malheureuse femme secouait de temps en temps la tête par un mouvement convulsif, pour dégager son visage des cheveux qui le masquaient.

Quand elle passa devant la borne où Hoffmann s'était affaissé, elle cria : Au secours! sauvez-moi! je n'ai pas fait de mal! au secours ! et faillit renverser l'aide du bourreau qui la soutenait.

Ce cri, au secours! elle ne cessa de le pousser au milieu du plus profond silence des assistants. Ces furies, accoutumées à insulter les braves condamnés, se sentaient remuées par l'irrésistible élan de l'épouvante d'une femme ; elles sentaient que leurs vociférations n'eussent pas réussi à couvrir leurs gémissements de cette fièvre qui touchait à la folie et atteignait le sublime du terrible.

Hoffmann se leva, ne sentant plus son cœur dans sa poitrine ; il se mit à courir après la charrette comme les autres, ombre nouvelle ajoutée à cette procession de spectres qui faisaient la dernière escorte d'une favorite royale.

Madame Du Barry le voyant, cria encore :

— La vie ! la vie !... je donne tout mon bien à la nation ! Monsieur !... sauvez-moi !

— Oh ! pensa le jeune homme, elle m'a parlé ! pauvre femme, dont les regards ont valu si cher, dont les paroles n'avaient pas de prix ; elle m'a parlé !

Il s'arrêta. La charrette venait d'atteindre la place de la Révolution. Dans l'ombre épaissie par une pluie froide, Hoffmann ne distinguait plus que deux silhouettes : l'une blanche, c'était celle de la victime, l'autre rouge, c'était l'échafaud.

Il vit les bourreaux traîner la robe blanche sur l'escalier. Il vit cette forme tourmentée se cambrer pour la résistance, puis soudain, au milieu de ses horribles cris, la pauvre femme perdit l'équilibre et tomba sur la bascule.

Hoffmann l'entendit crier : grâce, monsieur le bourreau, encore une minute, monsieur le bourreau... Et ce fut tout, le couteau tomba, lançant un éclair fauve.

Hoffmann s'en alla rouler dans le fossé
qui borde la place.

C'était un beau tableau pour un artiste qui venait en France chercher des
impressions et des idées.

Dieu venait de lui montrer le trop
cruel châtiment de celle qui avait con-
tribué à perdre la monarchie.

Cette lâche mort de la Du Barry lui
parut l'absolution de la pauvre femme.
Elle n'avait donc jamais eu d'orgueil,
puisqu'elle ne savait même pas mourir!
Savoir mourir, hélas! en ce temps-là, ce
fut la vertu suprême de ceux qui n'a-
vaient jamais connu le vice.

Hoffmann réfléchit ce jour-là que s'il était venu en France pour voir des choses extraordinaires, son voyage n'était pas manqué.

Alors, un peu consolé par la philosophie de l'histoire,— il reste le théâtre, se dit-il, allons au théâtre. Je sais bien qu'après l'actrice que je viens de voir, celles de l'opéra ou de la tragédie ne me feront pas d'effet, mais je serai indulgent. Il ne faut pas trop demander à des femmes qui ne meurent que pour rire.

Seulement, je vais tâcher de bien reconnaître cette place pour n'y plus jamais passer de ma vie.

II

Le Jugement de Paris.

Hoffman était l'homme des transitions brusques. Après la place de la Révolution et le peuple tumultueux groupé autour d'un échafaud, le ciel sombre et le sang, il lui fallait l'éclat des lustres, la foule joyeuse, les fleurs, la vie enfin. Il n'était pas bien sûr que le spectacle auquel il avait assisté s'effacerait de sa pensée par ce moyen ; mais il voulait au moins donner une distraction à ses yeux, et se prouver qu'il y avait encore dans le monde des gens qui vivaient et qui riaient.

Il s'achemina donc vers l'Opéra ; mais il y arriva sans savoir comment il y était arrivé. Sa détermination avait marché devant lui, et il l'avait suivie comme un aveugle suit son chien, tandis que son esprit voyageait dans un chemin opposé à travers des impressions toutes contraires.

Comme sur la place de la Révolution

il y avait foule sur le boulevard où se trouvait, à cette époque, le théâtre de l'Opéra, là où est aujourd'hui le théâtre de la Porte-Saint-Martin.

Hoffmann s'arrêta devant cette foule et regarda l'affiche.

On jouait le *Jugement de Pâris*, ballet-pantomime en trois actes, de M. Gardel jeune, fils du maître de danse de Marie-Antoinette, et qui devint plus tard maître des ballets de l'empereur.

— Le *Jugement de Pâris,* murmura le poète en ragardant fixement l'affiche comme pour se graver dans l'esprit, à l'aide des yeux et de l'ouïe, la signification de ces trois mots, *le Jugement de Paris !*

Et il avait beau répéter les syllabes qui composaient le titre du ballet, elles lui paraissaient vides de sens, tant sa pensée avait de peine à rejeter les souvenirs terribles dont elle était pleine, pour donner place à l'œuvre empruntée par M. Gardel jeune à l'*Iliade* d'Homère.

Quelle étrange époque que cette époque, où, dans une même journée, on pouvait voir condamner le matin, voir exécuter à quatre heures, voir danser le soir, et où l'on courait la chance d'être arrêté soi-même en revenant de toutes ces émotions !

Hoffmann comprit que, si un autre que lui ne lui disait pas ce qu'on jouait, il ne parviendrait pas à le savoir, et que peut-être il deviendrait fou devant cette affiche.

Il s'approcha donc d'un gros monsieur qui faisait queue avec sa femme, car de tout temps les gros hommes ont eu la manie de faire queue avec leurs femmes, et il lui dit :

— Monsieur, que joue-t-on ce soir ?

— Vous le voyez bien sur l'affiche,

Monsieur, répondit le gros homme ; on joue le *Jugement de Paris*.

— Le jugement de Paris... répéta Hoffmann. Ah! oui, le jugement de Paris, je sais ce que c'est.

Le gros monsieur regarda cet étrange questionneur et leva les épaules avec l'air du plus profond mépris pour ce jeune homme qui, dans ce temps tout mythologique, avait pu oublier un instant ce que c'était que le jugement de Paris.

— Voulez-vous l'explication du ballet, citoyen? dit un marchand de livrets en s'approchant d'Hoffmann.

— Oui, donnez !

C'était pour notre héros une preuve de plus qu'il allait au spectacle, et il en avait besoin.

Il ouvrit le livret et jeta les yeux dessus.

Ce livret était coquettement imprimé sur beau papier blanc, et enrichi d'un avant-propos de l'auteur.

— Quelle chose merveilleuse que l'homme, pensa Hoffmann en regardant les quelques lignes de cet avant-propos, lignes qu'il n'avait pas encore lues, mais qu'il allait lire, et comme, tout en faisant partie de la masse commune des hommes, il marche seul, égoïste et indifférent, dans le chemin de ses intérêts et de ses ambitions ! Ainsi, voici un homme, M. Gardel jeune, qui a fait représenter ce ballet le 5 mars 1793, c'est-à-dire six semaines après la mort du roi, c'est-à-dire six semaines après un des plus grands évènements du monde ; eh bien ! le jour où ce ballet a été représenté, il a eu des émotions particulières dans les émotions générales; le cœur lui a battu quand on a applaudi ; et si, en ce moment, on était venu lui parler de cet évènement qui ébranlait encore le monde et qu'on lui eût nommé le roi Louis XVI, il se fût écrié : Louis XVI, de qui voulez-vous parler ? Puis, comme si, à partir du jour où il avait livré son ballet au public, la terre entière n'eût plus dû être préoccupée que de cet évènement chorégraphique, il a fait un avant-propos à l'explication de sa pantomime. Eh bien ! lisons-le, son avant-propos, et voyons si, en cachant la date du jour où il a été écrit, j'y retrouverai la trace des choses au milieu desquelles il venait au jour.

Hoffmann s'accouda à la balustrade du théâtre, et voici ce qu'il lut.

« J'ai toujours remarqué dans les ballets d'action que les effets de décorations et les divertissements variés et agréables étaient ce qui attirait le plus la foule et les vifs applaudissements. »

— Il faut avouer que voilà un homme qui a fait là une remarque curieuse, pensa Hoffmann, sans pouvoir s'empêcher de sourire à la lecture de cette première naïveté. Comment! il a remarqué que ce qui attire dans les ballets, ce sont les effets de décorations et les divertissements variés et agréables. Comme cela est poli pour MM. Haydn, Pleyel et Mehul, qui ont fait la musique du *Jugement de Paris!* Continuons.

« D'après cette remarque, j'ai cherché un sujet qui pût se plier à faire valoir les grands talents que l'Opéra de Paris seul possède en danse, et qui me permit d'étendre les idées que le hasard pourrait m'offrir. L'histoire poétique est le terrain inépuisable que le maître de ballet doit cultiver ; ce terrain n'est pas sans épines ; mais il faut savoir les écarter pour cueillir la rose. »

— Ah ! par exemple ! voilà une phrase à mettre dans un cadre d'or, s'écria Hoffmann. Il n'y a qu'en France qu'on écrive de ces choses-là ! et il se mit à regarder le livret, s'apprêtant à continuer cette intéressante lecture qui commençait à l'égayer ; mais son esprit, détourné de sa véritable préoccupation, y revenait peu à peu; les caractères se brouillèrent sous les yeux du rêveur, il laissa tomber la main qui tenait *le Jugement de Paris*, fixa les yeux sur la terre, et murmura :

— Pauvre femme !

C'était l'ombre de madame Du Barry qui passait encore une fois dans le souvenir du jeune homme.

Alors il secoua la tête comme pour en chasser violemment les sombres réalités, et mettant dans sa poche le livret de M. Gardel jeune, il prit une place et entra dans le théâtre.

La salle était comble et ruisselante de fleurs, de pierreries, de soie et d'épaules nues. Un immense bourdonnement, bourdonnement de femmes parfumées, de propos frivoles, semblable au bruit que feraient un millier de mouches volant dans une boîte de papier, et plein de ces mots qui laissent dans l'esprit la même trace que les ailes des papillons aux doigts des enfants qui les prennent et qui, deux minutes après, ne sachant plus qu'en faire, lèvent les mains en l'air et leur rendent la liberté.

Hoffmann prit une place à l'orchestre, et dominé par l'atmosphère ardente de la salle, il parvint à croire un instant qu'il y était depuis le matin, et que ce sombre décès que regardait sans cesse sa pensée était un cauchemar et non pas une réalité. Alors sa mémoire qui, comme la mémoire de tous les hommes, avait deux verres réflecteurs, l'un dans le cœur, l'autre dans l'esprit, se tourna insensiblement, et par la gradation naturelle des impressions joyeuses, vers cette douce jeune fille qu'il avait laissée là-bas et dont il sentait le médaillon battre, comme un autre cœur, contre les battements du sien. Il regarda toutes les femmes qui l'entouraient, toutes ces blanches épaules, tous ces cheveux blonds et bruns, tous ces bras souples, toutes ces mains jouant avec les branches d'un éventail ou rajustant coquettement les fleurs d'une coiffure, et il se sourit à lui-même en prononçant le nom d'Antonia, comme si ce nom eût suffi pour faire disparaître toute comparaison entre celle qui le portait et les femmes qui se trouvaient là, et pour le transporter dans un monde de souvenirs mille fois plus charmants que toutes ces réalités, si belles qu'elles fussent. Puis, comme si ce n'eût point été assez, comme s'il eût eu à craindre que le portrait qu'à travers la distance lui retraçait sa pensée, ne s'effaçât dans l'idéal par où il lui apparaissait, Hoffmann glissa doucement la main dans sa poitrine, y saisit le médaillon comme une fille craintive saisit un oiseau dans un nid, et après s'être assuré que nul ne pouvait le voir, et ternir d'un regard la douce image qu'il prenait dans sa main, il amena doucement le portrait de la jeune fille, le monta à la hauteur de ses yeux, l'adora un instant du regard, puis, après l'avoir posé pieusement sur ses lèvres, il le cacha de nouveau tout près de son cœur, sans que personne pût deviner la joie que venait d'avoir, en faisant le mouvement d'un homme qui met la main dans son gilet, ce jeune spectateur aux cheveux noirs et au teint pâle.

En ce moment on donnait le signal, et les premières notes de l'ouverture commencèrent à courir gaîment dans l'orchestre, comme des pinsons querelleurs dans un bosquet.

Hoffmann s'assit, et tâchant de redevenir un homme comme tout le monde, c'est-à-dire un spectateur attentif, il ouvrit ses deux oreilles à la musique.

Mais au bout de cinq minutes, il n'écoutait plus et ne voulait plus entendre : ce n'était pas avec cette musique-là qu'on fixait l'attention d'Hoffmann, d'autant plus qu'il l'entendait deux fois, vu qu'un voisin, habitué sans doute de l'Opéra, et admirateur de MM. Haydn, Pleyel et Mehul, accompagnait d'une petite voix en demi-ton de fausset, et avec une exactitude parfaite, les différentes mélodies de ces messieurs. Le dilettante joignait à cet accompagnement de la bouche un autre accompagnement des doigts, en frappant en mesure, avec une charmante dextérité, ses ongles longs et effilés sur la tabatière qu'il tenait dans sa main gauche.

Hoffmann, avec cette habitude de curiosité qui est naturellement la première

qualité de tous les observateurs, se mit
à examiner ce personnage qui se faisait
un orchestre particulier greffé sur l'orchestre général.

En vérité, le personnage méritait l'examen.

Figurez-vous un petit homme portant
habit, gilet et culotte noirs, chemise et
cravate blanches, mais d'un blanc plus
que blanc, presque aussi fatiguant pour
les yeux que le reflet argenté de la neige.
Mettez sur la moitié des mains de ce petit homme, mains maigres, transparentes comme la cire et se détachant sur la
culotte noire comme si elles eussent été

intérieurement éclairées, mettez des manchettes de fine batiste plissées avec le plus grand soin et souples comme des feuilles de lys, et vous aurez l'ensemble du corps. Regardez la tête, maintenant, et regardez-la comme le faisait Hoffmann, c'est-à-dire avec une curiosité mêlée d'étonnement. Figurez-vous un visage de forme ovale, au front poli comme l'ivoire, aux cheveux rares et fauves ayant poussé de distance en distance, comme des touffes de buissons dans une plaine. Supprimez les sourcils, et, au-dessous de la place où ils devraient être, faites deux trous dans lesquels vous mettrez un œil froid comme du verre, presque toujours fixe, et qu'on croirait d'autant plus volontiers inanimé qu'on chercherait vainement en eux le point lumineux que Dieu a mis dans l'œil comme une étincelle du foyer de la vie. Ces yeux sont bleus comme le saphir, sans douceur, sans dureté. Ils voient, cela est certain, mais ils ne regardent pas. Un nez sec, mince, long et pointu, une bouche petite, aux lèvres entr'ouvertes sur des dents non pas blanches, mais de la même couleur cireuse que la peau, comme si elles eussent reçu une légère infiltration de sang pâle et s'en fussent colorées, un menton pointu, rasé avec le plus grand soin, des pommettes saillantes, des joues creusées chacune par une cavité à y mettre une noix, tels étaient les traits caractéristiques du spectateur voisin d'Hoffmann.

Cet homme pouvait aussi bien avoir cinquante ou trente ans. Il en eût eu quatre-vingts que la chose n'eût pas été extraordinaire; il n'en eût eu que douze que ce n'eût pas encore été bien invraisemblable. Il semblait qu'il eût dû venir au monde tel qu'il était. Il n'avait sans doute jamais été plus jeune, et il était possible qu'il parût plus vieux.

Il était probable qu'en touchant sa peau on eût éprouvé la même sensation de froid qu'en touchant la peau d'un serpent ou d'un mort.

Mais, par exemple, il aimait bien la musique.

De temps à autre sa bouche s'écartait un peu plus sous une pression de volupté mélophile, et trois petits plis, identiquement les mêmes de chaque côté, décrivaient un demi-cercle à l'extrémité de ses lèvres, et y restaient imprimés pendant cinq minutes, puis ils s'effaçaient graduellement comme les ronds que fait une pierre qui tombe dans l'eau et qui vont s'élargissant toujours jusqu'à ce qu'ils se confondent tout à fait avec la surface.

Hoffmann ne se lassait pas de regarder cet homme qui se sentait examiné, mais qui n'en bougeait pas plus pour cela. Cette immobilité était telle que notre poète, qui avait déjà, à cette époque, le germe de l'imagination qui devait enfanter *Coppelius*, appuya ses deux mains sur le dossier de la stalle qui était devant lui, pencha son corps en avant, et, tournant la tête à droite, essaya de voir de face celui qu'il n'avait encore vu que de profil.

Le petit homme regarda Hoffmann

sans étonnement, lui sourit, lui fit un petit salut amical et continua de fixer les yeux sur le même point, point invisible pour tout autre que pour lui, et d'accompagner l'orchestre.

— C'est étrange, fit Hoffmann en se rasseyant, j'aurais parié qu'il ne vivait pas.

Et comme si, quoiqu'il eût vu remuer la tête de son voisin, le jeune homme n'eût pas été bien convaincu que le reste du corps était animé, il jeta de nouveau les yeux sur les mains de ce personnage. Une chose le frappa alors, c'est que sur la tabatière avec laquelle jouaient ces mains, tabatière d'ébène, brillait une petite tête de mort en diamant.

Tout, ce jour-là, devait prendre des teintes fantastiques aux yeux d'Hoffmann ; mais il était bien résolu à en venir à ses fins, et se penchant en bas comme il s'était penché en avant, il colla ses yeux sur cette tabatière au point que ses lèvres touchaient presque les mains de celui qui la tenait.

L'homme ainsi examiné, voyant que sa tabatière était d'un si grand intérêt pour son voisin, la lui passa silencieusement, afin qu'il pût la regarder tout à son aise.

Hoffmann la prit, la tourna et la retourna vingt fois, puis il l'ouvrit.

Il y avait du tabac dedans !

III

Arsène.

Après avoir examiné la tabatière avec la plus grande attention, Hoffmann la rendit à son propriétaire en le remerciant d'un signe silencieux de la tête, auquel le propriétaire répondit par un signe aussi courtois, mais s'il est possible, plus silencieux encore.

Voyons maintenant s'il parle, se demanda Hoffmann, et se tournant vers son voisin, il lui dit :

— Je vous prie d'excuser mon indiscrétion, Monsieur, mais cette petite tête de mort en diamant qui orne votre tabatière, m'avait étonné tout d'abord, car c'est un ornement rare sur une boîte à tabac.

— En effet, je crois que c'est la seule qu'on ait faite, répliqua l'inconnu d'une voix métallique, et dont les sons imitaient assez le bruit de pièces d'argent qu'on empile les unes sur les autres ;

elle me vient d'héritiers reconnaissants dont j'avais soigné le père.

— Vous êtes médecin ?

— Oui, Monsieur.

— Et vous aviez guéri le père de ces jeunes gens ?

— Au contraire, Monsieur, nous avons eu le malheur de le perdre.

— Je m'explique le mot : reconnaissance.

Le médecin se mit à rire.

Ses réponses ne l'empêchaient pas de fredonner toujours, et tout en fredonnant :

— Oui, reprit-il, je crois bien que j'ai tué ce vieillard.

— Comment, tué ?

— J'ai fait sur lui l'essai d'un remède nouveau. Oh ! mon Dieu ! au bout d'une heure, il était mort. C'est vraiment fort drôle.

Et il se remit à chantonner.

— Vous paraissez aimer la musique, Monsieur ? demanda Hoffmann.

— Celle-ci surtout ; oui, Monsieur.

— Diable ! pensa Hoffmann, voilà un homme qui se trompe en musique comme en médecine.

En ce moment on leva la toile.

L'étrange docteur huma une prise de tabac, et s'adossa le plus commodément possible dans sa stalle comme un homme qui ne veut rien perdre du spectacle auquel il va assister.

Cependant, il dit à Hoffmann comme par réflexion :

— Vous êtes Allemand, Monsieur?

— En effet.

— J'ai reconnu votre pays à votre accent. Beau pays, vilain accent.

Hoffmann s'inclina devant cette phrase

faite d'une moitié de compliment et d'une moitié de critique.

— Et vous êtes venu en France, pourquoi ?

— Pour voir.

— Et qu'est-ce que vous avez déjà vu ?

— J'ai vu guillotiner, Monsieur.

— Etiez-vous aujourd'hui à la place de la Révolution.

— J'y étais.

— Alors vous avez assisté à la mort de madame du Barry.

— Oui, fit Hoffmann avec un soupir.

— Je l'ai beaucoup connue, continua le docteur avec un regard confidentiel, et qui poussait le mot connue jusqu'au bout de sa signification. C'était une belle fille, ma foi.

— Est-ce que vous l'avez soignée aussi ?

— Non, mais j'ai soigné son nègre Zamore.

— Le misérable ! on m'a dit que c'est lui qui a dénoncé sa maîtresse.

— En effet il était fort patriote, ce petit négrillon.

— Vous auriez bien dû faire de lui ce

que vous avez fait du vieillard, vous savez, du vieillard à la tabatière.

— A quoi bon ? il n'avait point d'héritiers, lui.

Et le rire du docteur tinta de nouveau.

— Et vous, Monsieur, vous n'assistiez pas à cette exécution, tantôt ? reprit Hoffmann, qui se sentait pris d'un irrésistible besoin de parler de la pauvre créature dont l'image sanglante ne le quittait pas.

— Non. Était-elle maigrie ?

— Qui ?

— La comtesse.

— Je ne puis vous le dire, Monsieur.

— Pourquoi cela?

— Parce que je l'ai vue pour la première fois sur la charrette.

— Tant pis. J'aurais voulu le savoir, car, moi je l'avais connue très grasse ; mais demain j'irai voir son corps. Ah tenez! regardez cela.

Et en même temps le médecin montrait la scène où, en ce moment, M. Vestris, qui jouait le rôle de Pâris, apparaissait sur le mont Ida, et faisait toutes sortes de marivaudages avec la nymphe Œnone.

Hoffmann regarda ce que lui montrait

son voisin ; mais, après s'être assuré que ce sombre médecin était réellement attentif à la scène, et que ce qu'il venait d'entendre et de dire n'avait laissé aucune trace dans son esprit :

— Cela serait curieux de voir pleurer cet homme là, se dit Hoffmann.

— Connaissez-vous le sujet de la pièce? reprit le docteur, après un silence de quelques minutes.

— Non, Monsieur.

— Oh! c'est très intéressant. Il y a même des situations touchantes. Un de mes amis et moi nous avions l'autre fois les larmes aux yeux.

— Un de ses amis ! murmura le poëte ; qu'est-ce que cela peut être que l'ami de cet homme là ? Cela doit être un fossoyeur.

— Ah ! bravo, bravo, Vestris, criota le petit homme en tapotant dans ses mains.

Le médecin avait choisi pour manifester son admiration le moment où Pâris, comme le disait le livret qu'Hoffmann avait acheté à la porte, saisit son javelot et vole au secours des pasteurs qui fuient épouvantés devant un lion terrible.

— Je ne suis pas curieux, mais j'aurais voulu voir le lion.

Ainsi se terminait le premier acte.

Alors le docteur se leva, se retourna, s'adossa à la stalle placée devant la sienne, et substituant une petite lorgnette à sa tabatière, il commença à lorgner les femmes qui composaient la salle.

Hoffmann suivait machinalement la direction de la lorgnette, et il remarquait avec étonnement que la personne sur qui elle se fixait, tressaillait instantanément et tournait aussitôt les yeux vers celui qui la lorgnait, et cela comme si elle y eût été contrainte par une force invisible. Elle gardait cette position jusqu'à ce que le docteur cessât de la lorgner.

Est-ce que cette lorgnette vous vient encore d'un héritier, Monsieur? demanda Hoffmann.

— Non, elle me vient de M. de Voltaire.

— Vous l'avez donc connu aussi?

— Beaucoup, nous étions très liés.

— Vous étiez son médecin?

— Il ne croyait pas à la médecine. Il

est vrai qu'il ne croyait pas à grand'-chose.

— Est-il vrai qu'il soit mort en se confessant ?

— Lui, Monsieur, lui ! Arouet ! allons donc ! non seulement il ne s'est pas confessé, mais encore il a joliment reçu le prêtre qui était venu l'assister ! Je puis vous en parler savamment, j'étais là.

— Que s'est-il donc passé ?

— Arouet allait mourir ; Tersac, son curé, arrive et lui dit tout d'abord, comme un homme qui n'a pas de temps à perdre : Monsieur, reconnaissez-vous la trinité de Jésus-Christ ?

— Monsieur, laissez-moi mourir tranquille, je vous prie, lui répond Voltaire.

— Cependant, Monsieur, continue Tersac, il importe que je sache si vous reconnaissez Jésus-Christ comme fils de Dieu.

— Au nom du diable, s'écrie Voltaire, ne me parlez plus de cet homme là, et, réunissant le peu de force qui lui restait, il flanque un coup de poing sur la tête du curé, et il meurt. Ai-je **** mon Dieu ! ai-je ri !

— En effet, c'était risible, fit Hoffmann d'une voix dédaigneuse, et c'est bien ainsi que devait mourir l'auteur de *la Pucelle*.

— Ah! oui, *la Pucelle!* s'écria l'homme noir, quel chef-d'œuvre! Monsieur, quelle admirable chose! Je ne connais qu'un livre qui puisse rivaliser avec celui-là.

— Lequel?

— *Justine*, de M. de Sades; connaissez-vous *Justine?*

— Non, Monsieur.

— Et le marquis de Sades?

— Pas davantage.

— Voyez-vous, Monsieur, reprit le docteur avec enthousiame, *Justine*, c'est tout ce qu'on peut lire de plus immoral, c'est du Crébillon fils tout nu, c'est merveilleux. J'ai soigné une jeune fille qui l'avait lue.

— Et elle est morte, comme votre vieillard?

— Oui, Monsieur, mais elle est morte bien heureuse.

Et l'œil du médecin pétilla d'aise au souvenir des causes de cette mort.

On donna le signal du second acte.

Hoffmann n'en fut pas fâché, son voisin l'effrayait.

— Ah! fit le docteur en s'asseyant, et avec un sourire de satisfaction, nous allons voir Arsène.

— Qui est-ce, Arsène?

— Vous ne la connaissez pas?

— Non, Monsieur.

— Ah çà! vous ne connaissez donc rien, jeune homme! Arsène, c'est Arsène, c'est tout dire; d'ailleurs, vous allez voir.

Et, avant que l'orchestre eût donné une note, le médecin avait recommencé à fredonner l'introduction du second acte.

La toile se leva.

Le théâtre représentait *un berceau de fleurs et de verdure, que traversait un ruisseau qui prenait sa source au pied d'un rocher.*

Hoffmann laissa tomber sa tête dans sa main.

Décidément, ce qu'il voyait, ce qu'il entendait ne pouvait parvenir à le distraire de la douloureuse pensée et du lugubre souvenir qui l'avaient amené là où il était.

— Qu'est-ce que cela eût changé ?

pensa-t-il en rentrant brusquement dans les impressions de la journée; qu'est-ce que cela eût changé dans le monde, si l'on eût laissé vivre cette malheureuse femme! Quel mal cela aurait-il fait si ce cœur eût continué de battre, cette bouche de respirer? quel malheur en fût-il advenu? Pourquoi interrompre brusquement tout cela? De quel droit arrêter la vie au milieu de son élan? Elle serait bien au milieu de toutes ces femmes, tandis qu'à cette heure son pauvre corps, le corps qui fut aimé d'un roi, gît dans la boue d'un cimetière, sans fleurs, sans croix, sans tête. Comme elle criait, mon Dieu, comme elle criait! puis tout-à-coup...

Hoffmann cacha son front dans ses mains.

— Qu'est-ce que je fais ici, moi? se dit-il; oh! je vais m'en aller.

Et il allait peut-être s'en aller en effet, quand, en relevant la tête, il vit sur la scène une danseuse qui n'avait pas paru au premier acte, et que la salle entière regardait danser sans faire un mouvement, sans exhaler un souffle.

— Oh! que cette femme est belle! s'écria Hoffmann assez haut pour que ses voisins et la danseuse même l'entendissent.

Celle qui avait éveillé cette admiration subite regarda le jeune homme qui avait malgré lui poussé cette exclamation, et Hoffmann crut qu'elle le remerciait du regard.

Il rougit et tressaillit comme s'il eût été touché de l'étincelle électrique.

Arsène, car c'était elle, c'est-à-dire cette danseuse dont le petit vieillard avait prononcé le nom. Arsène était réellement une bien admirable créature, et d'une beauté qui n'avait rien de la beauté traditionnelle.

Elle était grande, admirablement faite et d'une pâleur transparente sous le rouge qui couvrait ses joues. Ses pieds étaient tout petits, et quand elle retombait sur le parquet du théâtre, on eût dit que la pointe de son pied reposait sur un nuage, car on n'entendait pas le plus petit bruit. Sa taille était si mince, si souple, qu'une couleuvre ne se fût pas retournée sur elle-même comme cette femme le faisait. Chaque fois que, se cambrant, elle se penchait en arrière, on pouvait croire que son corset allait éclater, et l'on devinait, dans l'énergie de sa danse et dans l'assurance de son corps, et la certitude d'une beauté complète et cette ardente nature qui, comme celle de la Messaline antique, peut être quelquefois lassée, mais jamais assouvie. Elle ne souriait pas comme sourient ordinairement les danseuses, ses lèvres de pourpre ne s'entr'ouvraient presque jamais, non pas qu'elles eussent de vilaines dents à cacher, non, car, dans le sourire qu'elle avait adressé à Hoffmann quand il l'avait si naïvement admirée tout haut, notre poète avait pu voir une double rangée de perles si blanches, si pures, qu'elle les cachait sans doute derrière ses lèvres pour que l'air ne les ternît point. Dans ses cheveux noirs et luisants, avec des reflets bleus, s'enroulaient de larges feuilles d'acanthe, et se suspendaient des grappes de raisin dont l'ombre courait sur ses épaules nues. Quant aux yeux, ils étaient grands, limpides, noirs, brillants, à ce point qu'ils éclairaient tout autour d'eux, et qu'eût-elle dansé dans la nuit, Arsène eût illuminé la place où elle eût dansé. Ce qui ajoutait encore à l'originalité de cette fille, c'est que, sans raison aucune, elle portait dans ce rôle de nymphe, car elle jouait ou plutôt elle dansait une nymphe, elle portait, disons-nous, un petit collier de velours noir, fermé par une boucle ou, du moins, par un objet qui paraissait avoir la forme d'une boucle, et qui, fait en diamants, jetait des feux éblouissants.

Le médecin regardait cette femme de tous ses yeux, et son âme, l'âme qu'il pouvait avoir, semblait suspendue au vol de la jeune femme. Il est bien évident que tant qu'elle dansait, il ne respirait pas.

Alors Hoffmann put remarquer une chose curieuse : qu'elle allât à droite, à gauche, en arrière ou en avant, jamais les yeux d'Arsène ne quittaient la ligne des yeux du docteur, et une visible corrélation était établie entre les deux regards. Bien plus, Hoffmann voyait très distinctement les rayons que jetait la boucle du collier d'Arsène, et ceux que jetait la tête de mort du docteur, se rencontrer à moitié chemin dans une ligne droite, se heurter, se repousser et rejaillir en une même gerbe faite de milliers d'étincelles blanches, rouges et or.

— Voulez-vous me prêter votre lorgnette, Monsieur? dit Hoffmann, haletant et sans détourner la tête, car il lui était impossible à lui aussi de cesser de regarder Arsène.

Le docteur étendit la main vers Hoffmann, sans faire le moindre mouvement de la tête, si bien que les mains des deux spectateurs se cherchèrent quelques instants dans le vide avant de se rencontrer.

Hoffmann saisit enfin la lorgnette et y colla ses yeux.

— C'est étrange, murmura-t-il.

— Quoi donc? demanda le docteur.

— Rien, rien, répondit Hoffmann, qui voulait donner toute son attention à ce qu'il voyait; en réalité, ce qu'il voyait était étrange.

La lorgnette rapprochait tellement les

objets à ses yeux, que deux ou trois fois Hoffmann étendit la main, croyant saisir Arsène qui ne paraissait plus être au bout du verre qui la reflétait, mais bien entre les deux verres de la lorgnette. Notre Allemand ne perdait donc aucun détail de la beauté de la danseuse, et ces regards, déjà si brillants de loin, entouraient son front d'un cercle de feu, et faisaient bouillir le sang dans les veines de ses tempes.

L'âme du jeune homme faisait un effroyable bruit dans son corps.

— Quelle est cette femme? dit-il d'une

voix faible sans quitter la lorgnette et sans remuer.

— C'est Arsène, je vous l'ai déjà dit, répliqua le docteur dont les lèvres seules semblaient vivantes et dont le regard immobile était rivé à la danseuse.

— Cette femme a un amant, sans doute?

— Oui.

— Qu'elle aime?

— On le dit.

— Et, il est riche?

— Très riche.

— Qui est-ce?

— Regardez à gauche dans l'avant-scène du rez-de-chaussée.

— Je ne puis pas tourner la tête.

— Faites un effort.

Hoffmann fit un effort si douloureux, qu'il poussa un cri, comme si les nerfs de son cou étaient devenus de marbre et se fussent brisés dans ce moment.

Il regarda dans l'avant-scene indiquée.

Dans cette avant-scène il n'y avait qu'un homme, mais cet homme, accroupi comme un lion sur la balustrade de velours, semblait à lui seul remplir cette avant-scène.

C'était un homme de trente-deux ou trente-trois ans, au visage labouré par les passions, on eût dit que, non pas la petite-vérole, mais l'éruption d'un volcan, avait creusé les vallées dont les profondeurs s'entre-croisaient sur cette chair toute bouleversée ; ses yeux avaient dû être petits, mais ils s'étaient ouverts par une espèce de déchirement de l'âme ; tantôt ils étaient atones et vides comme un cratère éteint, tantôt ils versaient des flammes comme un cratère rayonnant. Il n'applaudissait pas en rapprochant ses mains l'une de l'autre, il applaudissait en frappant sur la balustrade, et, à chaque applaudissement, il semblait ébranler la salle.

— Oh! fit Hoffmann, est-ce un homme, que je vois là?

— Oui, oui, c'est un homme, répondit le petit homme noir; oui, c'est un homme, et un fier homme, même.

— Comment s'appelle-t-il?

— Vous ne le connaissez pas?

— Mais non, je suis arrivé hier seulement.

— Eh bien! c'est Danton.

— Danton! fit Hoffmann en tressaillant. Oh! oh! Et c'est l'amant d'Arsène?

— C'est son amant.

— Et sans doute il l'aime?

— A la folie. Il est d'une jalousie féroce.

Mais si intéressant à voir que fût Danton, Hoffmann avait déjà reporté les yeux sur Arsène, dont la danse silencieuse avait une apparence fantastique.

— Encore un renseignement, Monsieur?

— Parlez.

— Quelle forme a l'agraffe qui ferme son collier?

— C'est une guillotine.

— Une guillotine !

— Oui. On en fait de charmantes, et toutes nos élégantes en portent au moins une. Celle que porte Arsène, c'est Danton qui la lui a donnée.

— Une guillotine, une guillotine au cou d'une danseuse, répéta Hoffmann, qui sentait son cerveau se gonfler, une guillotine, pourquoi?...

Et notre Allemand, qu'on eût pu prendre pour un fou, allongeait les bras devant lui, comme pour saisir un corps, car, par un effet étrange d'optique, la distance qui le séparait d'Arsène disparaissait par moment, et il lui semblait sentir l'haleine de la danseuse sur son front, et entendre la brûlante respiration de cette poitrine, dont les seins, à moitié nus, se soulevaient comme sous une étreinte de plaisir. Hoffmann en était à cet état d'exaltation où l'on croit respirer du feu, et où l'on craint que les sens ne fassent éclater le corps.

— Assez! assez! disait-il.

Mais la danse continuait, et l'hallucination était telle que, confondant ses deux impressions les plus fortes de la journée, l'esprit d'Hoffmann mêlait à cette scène le souvenir de la place de la Révolution, et que tantôt il croyait voir madame Du Barry, pâle et la tête tranchée, danser à la place d'Arsène, et tantôt Arsène arriver en dansant jusqu'au pied de la guillotine et jusqu'aux mains du bourreau.

Il se faisait dans l'imagination exaltée du jeune homme un mélange de fleurs et de sang, de danse et d'agonie, de vie et de mort.

Mais ce qui dominait tout cela, c'était l'attraction électrique qui le poussait vers cette femme. Chaque fois que ces deux jambes fines passaient devant ses yeux, chaque fois que cette jupe transparente se soulevait un peu plus, un frémissement parcourait tout son être, sa lèvre devenait sèche, son haleine brûlante et le désir entrait en lui comme il entre dans un homme de vingt ans.

Dans cet état, Hoffmann n'avait plus qu'un refuge, c'était le portrait d'Antonia, c'était le médaillon qu'il portait sur sa poitrine, c'était l'amour pur à opposer à l'amour sensuel, c'était la force du chaste souvenir à mettre en face de l'exigeante réalité.

Il saisit ce portrait et le porta à ses lèvres ; mais à peine avait-il fait ce mouvement, qu'il entendit le ricanement aigu de son voisin qui le regardait d'un air railleur.

Alors, Hoffmann replaça en rougissant le médaillon où il l'avait pris, et, se levant comme mu par un ressort :

— Laissez-moi sortir, s'écria-t-il ; laissez-moi sortir, je ne saurais rester plus longtemps ici.

Et, semblable à un fou, il quitta l'orchestre, marchant sur les pieds, heurtant les jambes des tranquilles spectateurs qui maugréaient contre cet original à qui il prenait ainsi fantaisie de sortir au milieu d'un ballet.

IV

La deuxième représentation du Jugement de Paris.

Mais l'élan d'Hoffmann ne le poussa pas bien loin. Au coin de la rue Saint-Martin, il s'arrêta.

Sa poitrine était haletante, son front ruisselant de sueur.

Il passa la main gauche sur son front,

appuya sa main droite sur sa poitrine et respira.

En ce moment on lui toucha sur l'épaule.

Il tressaillit.

— Ah ! pardieu, c'est lui ! dit une voix.

Il se retourna et laissa échapper un cri.

C'était son ami Zacharias Werner.

Les deux jeunes gens se jetèrent dans les bras l'un de l'autre.

Puis ces deux questions se croisèrent.

— Que faisais-tu là ?

— Où vas-tu ?

— Je suis arrivé d'hier, dit Hoffmann, j'ai vu guillotiner madame Du Barry, et, pour me distraire, je suis venu à l'Opéra.

— Moi, je suis arrivé depuis six mois, depuis cinq je vois guillotiner tous les jours vingt ou vingt-cinq personnes, et, pour me distraire, je vais au jeu.

— Ah !

— Viens-tu avec moi?

— Non, merci.

— Tu as tort, je suis en veine ; avec ton bonheur habituel, tu ferais fortune. Tu dois t'ennuyer horriblement à l'Opéra, toi qui es habitué à de la vraie musique; viens avec moi je t'en ferai entendre.

— De la musique?

— Oui, celle de l'or, sans compter que là où je vais, tous les plaisirs sont réunis, des femmes charmantes, des soupers délicieux, un jeu féroce!

— Merci, mon ami, impossible! j'ai promis, mieux que cela, j'ai juré.

— A qui?

— A Antonia.

— Tu l'as donc vue?

— Je l'aime, mon ami, je l'adore.

— Ah ! je comprends, c'est cela qui t'a retardé, et tu lui as juré...?

— Je lui ai juré de ne pas jouer, et...

Hoffmann hésita.

— Et puis quoi encore?

— Et de lui rester fidèle, balbutia-t-il.

— Alors il ne faut pas venir au 113.

— Qu'est-ce que le 113?

— C'est la maison dont je parlais tout à l'heure ; — moi, comme je n'ai rien juré, j'y vais. — Adieu, Théodore.

— Adieu, Zacharias.

Et Werner s'éloigna, tandis que Hoffmann demeurait cloué à sa place.

Quand Werner fut à cent pas, Hoffmann se rappela qu'il avait oublié de demander à Zacharias son adresse, et que la seule adresse que Zacharias lui eût donnée, c'était celle de la maison de jeu.

Mais cette adresse était écrite dans le cerveau de Hoffmann, comme sur la porte de la maison fatale, — en chiffres de feu!

Cependant ce qui venait de se passer avait un peu calmé les remords d'Hoffmann. La nature humaine est ainsi faite, toujours indulgente pour soi, attendu que son indulgence, c'est de l'égoïsme. Il venait de sacrifier le jeu à Antonia, et il se croyait quitte de son serment : oubliant que c'était parce qu'il était tout prêt à manquer à la moitié la plus importante de ce serment, qu'il était là, cloué au coin du boulevard et de la rue Saint-Martin.

Mais, je l'ai dit, sa résistance à l'endroit de Werner lui avait donné de l'indulgence à l'endroit d'Arsène. Il résolut donc de prendre un terme moyen, et, au lieu de rentrer dans la salle de l'Opéra, action à laquelle le poussait de toutes ses forces son démon tentateur, d'attendre à la porte des acteurs pour la voir sortir.

Cette porte des acteurs, Hoffmann connaissait trop la topographie des théâtres pour ne pas la trouver bientôt. Il vit rue de Bondy un long couloir, éclairé à peine, sale et humide, dans lequel passaient, comme des ombres, des hommes aux vêtements sordides, et il comprit que c'était par cette porte qu'entraient et sortaient les pauvres mortels que le rouge, le blanc, le bleu, la gaze, la soie et les paillettes transformaient en dieux et en déesses.

Le temps s'écoulait, la neige tombait, mais Hoffmann était si agité par cette étrange apparition, qui avait quelque chose de surnaturel, qu'il n'éprouvait pas cette sensation de froid qui semblait poursuivre les passants. Vainement condensait il en vapeurs presque palpables le souffle qui sortait de sa bouche, ses mains n'en restaient pas moins brûlantes, et son front humide. Il y a plus, arrêté contre la muraille, il y était resté immobile, les yeux fixés sur le corridor ; de sorte que la neige, qui allait toujours tombant en flocons plus épais, couvrait lentement le jeune homme comme d'un linceul, et du jeune étudiant, coiffé de sa casquette et vêtu de la redingote allemande, faisait peu à peu une statue de marbre. Enfin commencèrent à sortir par ce vomitoire, les premiers libérés par le spectacle, c'est-à-dire la garde de la soirée, puis les machinistes, puis tout ce monde sans nom qui vit du théâtre, puis les artistes mâles, moins longs à s'habiller que les femmes, puis enfin les femmes, puis enfin la belle danseuse, qu'Hoffmann reconnut non-seulement à son charmant visage, mais à ce souple mouvement de hanches qui n'appartenait qu'à elle, mais encore à ce petit collier de velours qui serrait son col, et sur lequel étincelait l'étrange bijou que la Terreur venait de mettre à la mode.

A peine Arsène apparut-elle sur le seuil de la porte, qu'avant même qu'Hoffmann eût eu le temps de faire un mouvement, une voiture s'avança rapidement, la portière s'ouvrit, la jeune fille s'y élança aussi légère que si elle bondissait encore sur le théâtre. Une ombre apparut à travers les vitres, qu'Hoffmann crut reconnaître pour celle de l'homme de l'avant-scène, laquelle ombre reçut la belle nymphe dans ses bras ; puis, sans qu'aucune voix eût eu besoin de désigner un but au cocher, la voiture s'éloigna au galop.

Tout ce que nous venons de raconter en quinze ou vingt lignes s'était passé aussi rapidement que l'éclair.

Hoffmann jeta une espèce de cri en voyant fuir la voiture, se détacha de la muraille, pareil à une statue qui s'élance de sa niche, et secouant par le mouvement la neige dont il était couvert, se mit à la poursuite de la voiture.

Mais elle était emportée par deux trop puissants chevaux, pour que le jeune homme, si rapide que fût sa course irréfléchie, pût les rejoindre.

Tant qu'elle suivit le boulevard, tout alla bien : tant qu'elle suivit même la rue de Bourbon-Villeneuve, qui venait d'être débaptisée pour prendre le nom de rue *Neuve-Égalité*, tout alla bien encore ;

mais, arrivée à la place des Victoires, devenue la place de *la Victoire Nationale*, elle prit à droite, et disparut aux yeux d'Hoffmann.

N'étant plus soutenue ni par le bruit ni par la vue, la course du jeune homme faiblit; un instant il s'arrêta au coin de la rue Neuve-Eustache, s'appuya à la muraille pour reprendre haleine, puis, ne voyant plus rien, n'entendant plus rien, il s'orienta, jugeant qu'il était temps de rentrer chez lui.

Ce ne fut pas chose facile pour Hoffmann que de se tirer de ce dédale de rues, qui forment un réseau presque inextricable de la pointe Saint-Eustache au quai de la Ferraille. Enfin, grâce aux nombreuses patrouilles qui circulaient dans les rues, grâce à son passeport bien en règle, grâce à la preuve qu'il n'était arrivé que la veille, — preuve que le visa de la barrière lui donnait la facilité de fournir, il obtint de la milice citoyenne des renseignements si précis, qu'il parvint à regagner son hôtel et à retrouver sa petite chambre, où il s'enferma seul en apparence, mais en réalité avec le souvenir ardent de ce qui s'était passé.

A partir de ce moment, Hoffmann fut

éminemment en proie à deux visions : dont l'une s'effaçait peu à peu, dont l'autre prenait peu à peu plus de consistance.

La vision qui s'effaçait, c'était la figure pâle et échevelée de la Du Barry, traînée de la Conciergerie à la charrette et de la charrette à l'échafaud.

La vision qui prenait de la réalité, c'était la figure animée et souriante de la belle danseuse, bondissant du fond du théâtre à la rampe, et tourbillonnant de la rampe à l'une et à l'autre avant-scène.

Hoffmann fit tous ses efforts pour se débarrasser de cette vision, il tira ses pinceaux de sa malle et peignit ; il tira son violon de sa boîte et joua du violon ; il demanda une plume et de l'encre et fit des vers. Mais ces vers qu'il composait, c'étaient des vers à la louange d'Arsène ; cet air qu'il jouait, c'était l'air sur lequel elle lui était apparue, et dont les notes bondissantes la soulevaient, comme si elles eussent eu des ailes ; enfin, les esquisses qu'il faisait, c'était son portrait avec ce même collier de velours, étrange ornement fixé au cou d'Arsène par une si étrange agrafe.

Pendant toute la nuit, pendant toute

la journée du lendemain, pendant toute la nuit et toute la journée du surlendemain, Hoffmann ne vit qu'une chose ou plutôt que deux choses : c'était, d'un côté, la fantastique danseuse ; et de l'autre côté, le non moins fantastique docteur. Il y avait entre ces deux êtres une telle corrélation, qu'Hoffmann ne comprenait pas l'un sans l'autre. Aussi n'était-ce pas pendant cette hallucination qui lui offrait Arsène toujours bondissant sur le théâtre, l'orchestre qui bruissait à ses oreilles ; non, c'était le petit chantonnement du docteur, c'était le petit tambourinement de ses doigts sur la tabatière d'ébène ; puis, de temps en temps, un éclair passait devant ses yeux, l'aveuglant d'étincelles jaillissantes ; c'était le double rayon qui s'élançait de la tabatière du docteur et du collier de la danseuse : c'était l'attraction sympathique de cette guillotine de diamants avec cette tête de mort en diamants ; c'était enfin la fixité des yeux du médecin qui semblaient à sa volonté attirer et repousser la charmante danseuse, comme l'œil du serpent attire et repousse l'oiseau qu'il fascine.

Vingt fois, cent fois, mille fois, l'idée s'était présentée à Hoffmann de retourner à l'Opéra; mais tant que l'heure n'était pas venue. Hoffmann s'était bien promis de ne pas céder à la tentation; d'ailleurs, cette tentation, il l'avait combattue de toutes manières, en ayant recours à son médaillon d'abord, puis ensuite en essayant d'écrire à Antonia; mais le portrait d'Antonia semblait avoir pris un visage si triste, qu'Hoffmann refermait le médaillon presqu'aussitôt qu'il l'avait ouvert; mais les premières lignes de chaque lettre qu'il commençait étaient si embarrassées, qu'il avait déchiré dix lettres avant d'être au tiers de la première page.

Enfin ce fameux surlendemain s'écoula ; enfin l'ouverture du théâtre s'approcha ; enfin sept heures sonnerent, et, à ce dernier appel, Hoffmann, enlevé comme malgré lui, descendit tout courant son escalier, et s'élança dans la direction de la rue Saint-Martin.

Cette fois, en moins d'un quart d'heure, cette fois, sans avoir besoin de demander son chemin à personne, cette fois, comme si un guide invisible lui eût montré sa route, en moins de dix minutes il arriva à la porte de l'Opéra.

Mais, chose singulière, cette porte, comme deux jours auparavant, n'était pas encombrée de spectateurs, soit qu'un incident inconnu d'Hoffmann eût rendu le spectacle moins attrayant, soit que les spectateurs fussent déjà dans l'intérieur du théâtre.

Hoffmann jeta son écu de six livres à la buraliste, reçut son carton et s'élança dans la salle.

Mais l'aspect de la salle était bien changé. D'abord elle n'était qu'à moitié pleine ; puis, à la place de ces femmes charmantes, de ces hommes élégants qu'il avait cru revoir, il ne vit que des femmes en casaquin et des hommes en carmagnole; pas de bijoux, pas de fleurs.

pas de seins nus s'enflant et se désenflant sous cette atmosphère voluptueuse des théâtres aristocratiques ; des bonnets ronds et des bonnets rouges, le tout orné d'énormes cocardes nationales ; des couleurs sombres dans les vêtements, un nuage triste sur les figures ; puis des deux côtés de la salle, deux bustes hideux, deux têtes grimaçantes, l'une le Rire, l'autre la Douleur, — les bustes de Voltaire et de Marat enfin.

Enfin, à l'avant-scène, un trou à peine éclairé, une ouverture sombre et vide. — La caverne toujours, mais plus de lion.

Il y avait à l'orchestre deux places vacantes à côté l'une de l'autre. Hoffmann gagna l'une de ces deux places, c'était celle qu'il avait occupée.

L'autre était celle qu'avait occupée le docteur, mais comme nous l'avons dit, cette place était vacante.

Le premier acte fut joué sans qu'Hoffmann fît attention à l'orchestre ou s'occupât des acteurs.

Cet orchestre, il le connaissait et l'avait apprécié à une première audition.

Ces acteurs lui importaient peu, il n'était pas venu pour les voir, il était venu pour voir Arsène.

La toile se leva sur le second acte, et le ballet commença.

Toute l'intelligence, toute l'âme, tout le cœur du jeune homme étaient suspendus.

Il attendait l'entrée d'Arsène.

Tout-à-coup Hoffmann jeta un cri.

Ce n'était plus Arsène qui remplissait le rôle de Flore.

La femme qui apparaissait était une femme étrangère, une femme comme toutes les femmes.

Toutes les fibres de ce corps haletant se détendirent; Hoffmann s'affaissa sur lui-même en poussant un long soupir et regarda autour de lui.

Le petit homme noir était à sa place ; seulement il n'avait plus ses boucles en diamants, ses bagues en diamants, sa tabatière à tête de mort en diamants.

Ses boucles étaient en cuivre, ses bagues en argent doré, sa tabatière en argent mat.

Il ne chantonnait plus, il ne battait plus la mesure.

Comment était-il venu là ? Hoffmann n'en savait rien : il ne l'avait ni vu venir, ni senti passer.

— Oh ! Monsieur, s'écria Hoffmann.

— Dites citoyen, mon jeune ami, et même tutoyez-moi... si c'est possible, répondit le petit homme noir, ou vous me ferez couper la tête et à vous aussi.

— Mais où est-elle donc? demanda Hoffmann.

— Ah ! voilà... Où est-elle ? il paraît que son tigre, qui ne la quitte pas des yeux, s'est aperçu qu'avant-hier elle a correspondu par signes avec un jeune homme de l'orchestre. Il paraît que ce jeune homme a couru après la voiture ; de sorte que depuis hier il a rompu l'engagement d'Arsène, et qu'Arsène n'est plus au théâtre.

— Et comment le directeur a-t-il souffert?...

— Mon jeune ami, le directeur tient à conserver sa tête sur ses épaules, quoique ce soit une assez vilaine tête ; mais il prétend qu'il a l'habitude de celle-là et qu'une autre plus belle ne reprendrait peut-être pas de bouture.

— Ah! mon Dieu! voilà donc pourquoi cette salle est si triste! s'écria Hoffmann. Voilà pourquoi il n'y a plus de fleurs, plus de diamants, plus de bijoux! Voilà pourquoi vous n'avez plus vos boucles en diamants, vos bagues en diamants, votre tabatière en diamants! Voilà pourquoi il y a, enfin, aux deux côtés de la scène, au lieu des bustes d'Apollon et de Terpsychore, ces deux affreux bustes! Pouah!

— Ah çà, mais! que me dites-vous donc là? demanda le docteur, et où avez-vous vu une salle telle que vous dites? Où m'avez-vous vu des bagues en diamants, des tabatières en diamants? où avez-vous vu enfin les bustes d'Apollon et de Terpsychore? Mais il y a deux ans que les fleurs ne fleurissent plus, que les diamants sont tournés en assignats, et que les bijoux son fondus sur l'autel de la patrie. Quant à moi, Dieu merci! je n'ai jamais eu d'autres boucles que ces boucles de cuivre, d'autres bagues que cette méchante bague de vermeil, et d'autre tabatière que cette pauvre tabatière d'argent; pour les bustes d'Apollon et de Terpsychore, ils y ont été autrefois, mais les amis de l'humanité sont venus casser le buste d'Apollon et l'ont remplacé par celui de l'apôtre Voltaire, mais les amis du peuple sont venus briser le buste de Terpsychore et l'ont remplacé par celui du dieu Marat.

—Oh! s'écria Hoffmann, c'est impossible. Je vous dis qu'avant-hier j'ai vu une salle parfumée de fleurs, resplendissante de riches costumes, ruisselante de diamants, et des hommes élégants à la place de ces harangères en casaquins et de ces goujats en carmagnole. Je vous dis que vous aviez des boucles de diamants à vos souliers, des bagues en diamants à vos doigts, une tête de mort en diamants sur votre tabatière ; je vous dis...

— Et moi, jeune homme, à mon tour je vous dis, reprit le petit homme noir, je vous dis qu'avant-hier elle était là, je vous dis que sa présence illuminait

tout, je vous dis que son souffle faisait
naître les roses, faisait reluire les bijoux,
faisait étinceler les diamants de votre
imagination ; je vous dis que vous l'aimez, jeune homme, et que vous avez vu
la salle à travers le prisme de votre
amour. Arsène n'est plus là, votre cœur
est mort, vos yeux sont désenchantés,
et vous voyez du molleton, de l'indienne,
du gros drap, des bonnets rouges, des
mains sales et des cheveux crasseux.
Vous voyez enfin le monde tel qu'il est,
les choses telles qu'elles sont.

— Oh! mon Dieu ! s'écria Hoffmann,
en laissant tomber sa tête dans ses mains,

tout cela est-il vrai, et suis-je donc si près de devenir fou ?

V

L'estaminet.

Hoffmann ne sortit de cette léthargie qu'en sentant une main se poser sur son épaule.

Il leva la tête. Tout était noir et éteint autour de lui : le théâtre, sans lumière, lui apparaissait comme le cadavre du théâtre qu'il avait vu vivant. Le soldat de garde s'y promenait seul et silencieux comme le gardien de la mort ; plus de lustres, plus d'orchestre, plus de rayons, plus de bruit.

Une voix seulement qui marmottait à son oreille :

— Mais, citoyen, mais, citoyen, que faites-vous donc? vous êtes à l'Opéra, citoyen ; on dort ici, c'est vrai, mais on n'y couche pas.

Hoffmann regarda enfin du côté d'où venait la voix, et il vit une petite vieille qui le tirait par le collet de sa redingote.

C'était l'ouvreuse de l'orchestre qui,

ne connaissant pas les intentions de ce spectateur obstiné, ne voulait pas se retirer sans l'avoir vu sortir devant elle.

Au reste, une fois tiré de son sommeil, Hoffmann ne fit aucune résistance; il poussa un soupir et se leva en murmurant le mot : Arsène!

— Ah oui! Arsène, dit la petite vieille, Arsène, vous aussi, jeune homme, vous en êtes amoureux comme tout le monde. C'est une grande perte pour l'Opéra et surtout pour nous autres ouvreuses.

— Pour vous autres ouvreuses, demanda Hoffmann, heureux de se rattacher à quelqu'un qui lui parlât de la danseuse, et comment donc est-ce une perte pour vous qu'Arsène soit ou ne soit plus au théâtre ?

— Ah dam'! c'est bien facile à comprendre, cela : d'abord, toutes les fois qu'elle dansait, elle faisait salle comble ; alors c'était un commerce de tabourets, de chaises et de petits bancs ; à l'Opéra, tout se paie ; on payait les petits bancs, les chaises et les tabourets de supplément, c'étaient nos petits profits. Je dis petits profits, ajouta la vieille d'un air malin, parce qu'à côté de ceux-là, citoyen, vous comprenez, il y avait les grands.

— Les grands profits?

— Oui.

Et la vieille cligna de l'œil.

— Et quels étaient les grands profits? voyons, ma bonne femme.

— Les grands profits venaient de ceux qui demandaient des renseignements sur elle, qui voulaient savoir son adresse, qui lui faisaient passer des billets. Il y avait prix pour tout, vous comprenez: tant pour les renseignements, tant pour l'adresse, tant pour le poulet; on faisait son petit commerce, enfin, et l'on vivait honnêtement.

Et la vieille poussa un soupir qui, sans désavantage, pouvait être comparé au soupir poussé par Hoffman au commencement du dialogue que nous venons de rapporter.

— Ah! ah! fit Hoffmann, vous vous chargiez de donner des renseignements, d'indiquer l'adresse, de remettre les billets ; vous en chargez-vous toujours ?

— Hélas! Monsieur, les renseignements que je vous donnerais vous seraient inutiles maintenant; personne ne sait plus l'adresse d'Arsène, et le billet que vous me donneriez pour elle serait perdu. Si vous voulez pour une autre, madame

Vestris, mademoiselle Bigottini, mademoiselle...

— Merci, ma bonne femme, merci; je ne désirais rien savoir que sur mademoiselle Arsène.

Puis, tirant un petit écu de sa poche :

— Tenez, dit Hoffmann, voilà pour la peine que vous avez prise de m'éveiller.

Et, prenant congé de la vieille, il reprit d'un pas lent le boulevard, avec l'intention de suivre le même chemin qu'il avait suivi la surveille, l'instinct qui l'avait guidé pour venir n'existant plus.

Seulement ses impressions étaient bien différentes, et sa marche se ressentait de la différence de ces impressions. L'autre soir sa marche était celle de l'homme qui a vu passer l'Espérance et qui court après elle, sans réfléchir que Dieu lui a donné ses longues ailes d'azur, pour que les hommes ne l'atteignent jamais. Il avait la bouche ouverte et haletante, le front haut, les bras étendus ; cette fois, au contraire, il marchait lentement, comme l'homme qui, après l'avoir poursuivie inutilement, vient de la perdre de vue ; sa bouche était serrée, son front abattu, ses bras tombants. L'autre fois il avait mis cinq minutes à peine pour aller de la porte Saint-Martin à la rue Montmartre, cette fois il mit plus d'une heure, et plus d'une heure encore pour aller de la rue Montmartre à son hôtel ; car, dans l'espèce d'abattement où il était tombé, peu lui importait de rentrer tôt ou tard, peu lui importait même de ne pas rentrer du tout.

On dit qu'il y a un Dieu pour les ivrognes et les amoureux ; ce Dieu-là sans doute veillait sur Hoffmann. Il lui fit éviter les patrouilles ; il lui fit trouver les quais, puis les ponts, puis son hôtel, où il rentra, au grand scandale de son hôtesse, à une heure et demie du matin.

Cependant, au milieu de tout cela, une petite lueur dorée dansait au fond de l'imagination d'Hoffmann, comme un feu follet dans la nuit. Le médecin lui avait dit, si toutefois ce médecin existait, si ce n'était pas un jeu de son imagination, une hallucination de son esprit; le médecin lui avait dit qu'Arsène avait été enlevée au théâtre par son amant, attendu que cet amant avait été jaloux d'un jeune homme placé à l'orchestre, avec lequel Arsène avait échangé de trop tendres regards. Ce médecin avait ajouté, en outre, que ce qui avait porté la jalousie du tyran à son comble, c'est que ce même jeune homme avait été vu embusqué en face de la porte de sortie des artistes ; c'est que ce même jeune homme avait couru en désespéré derrière la voiture ; or, ce jeune homme qui avait échangé de l'orchestre des regards passionnés avec Arsène ; c'était lui, Hoffmann ; or, ce jeune homme qui s'était embusqué à la porte de sortie des artistes, c'était encore lui, Hoffman ; enfin, ce jeune homme qui avait couru désespérément derrière la voiture, c'était toujours lui, Hoffmann. Donc Arsène l'avait remarqué, puisqu'elle payait la peine de sa distraction ; donc Arsène souffrait pour lui ; il était entré dans la vie de la belle danseuse par la porte de la douleur, mais il y était entré, c'était le principal ; à lui de s'y maintenir. Mais comment? par quel moyen? par quelle voie correspondre avec Arsène, lui donner de ses nouvelles, lui dire qu'il l'aimait? C'eût été déjà une grande tâche pour un Parisien pur sang, que de retrouver cette belle Arsène perdue dans cette immense ville. C'était une tâche impossible pour Hoffmann, arrivé depuis trois jours et ayant grande peine à se retrouver lui-même.

Hoffmann ne se donna donc même pas la peine de chercher ; il comprenait que le hasard seul pouvait venir à son aide.

Tous les deux jours, il regardait l'affiche de l'Opéra, et, tous les deux jours, il avait la douleur de voir que Paris rendait son jugement en l'absence de celle qui méritait la pomme bien autrement que Vénus.

Dès lors il ne songea plus à aller à l'Opéra.

Un instant il eut bien l'idée d'aller soit à la Convention, soit aux Cordeliers, de s'attacher aux pas de Danton, et, en l'épiant jour et nuit, de deviner où il avait caché la belle danseuse. Il alla même à la Convention, il alla même aux Cordeliers; mais Danton n'y était pas: depuis sept

ou huit jours Danton n'y venait plus :
las de la lutte qu'il soutenait depuis deux
ans, vaincu par l'ennui bien plus que
par la supériorité, Danton paraissait s'ê-
tre retiré de l'arène politique. Danton,
disait-on, était à sa maison de campagne. Où était cette maison de campagne?
on n'en savait rien : les uns disaient à
Rueil, les autres à Auteuil.

Danton était aussi introuvable qu'Arsène.

On eût cru peut-être que cette absence
d'Arsène eût dû ramener Hoffmann à
Antonia ; mais, chose étrange, il n'en
était rien. Hoffmann avait beau faire tous

ses efforts pour ramener son esprit à la pauvre fille du chef d'orchestre de Manheim. Un instant, par la puissance de sa volonté, tous ses souvenirs se concentraient sur le cabinet de maître Gottlieb Murr ; mais, au bout d'un moment, partitions entassées sur les tables et sur les pianos, maître Gottlieb trépignant devant son pupitre, Antonia couchée sur son canapé. tout cela disparaissait pour faire place à un grand cadre éclairé dans lequel se mouvaient d'abord des ombres ; puis ces ombres prenaient des corps, puis ces corps affectaient des formes mythologiques, puis enfin toutes ces formes mythologiques, tous ces héros, toutes ces nymphes, tous ces dieux, tous ces demi-dieux, disparaissaient pour faire place à une seule déesse, à la déesse des jardins, à la belle Flore, c'est-à-dire à la divine Arsène, à la femme au collier de velours et à l'agrafe de diamants, alors Hoffman tombait, non plus dans une rêverie, mais dans une extase dont il ne venait à sortir qu'en se rejetant dans la vie réelle, qu'en coudoyant les passants dans la rue, qu'en se roulant enfin dans la foule et dans le bruit.

Lorsque cette hallucination à laquelle Hoffmann était en proie devenait trop forte, il sortait donc, se laissait aller à la pente du quai, prenait le Pont-Neuf, et ne s'arrêtait presque jamais qu'au coin de la rue de la Monnaie. Là Hoffmann avait trouvé un estaminet, rendez-vous des plus rudes fumeurs de la capitale. Là, Hoffmann pouvait se croire dans quelque taverne anglaise, dans quelque musico hollandais ou dans quelque table d'hôte allemande, tant la fumée de la pipe y faisait une atmosphère impossible à respirer pour tout autre que pour un fumeur de première classe.

Une fois entré dans l'estaminet de la Fraternité, Hoffmann gagnait une petite table sise à l'angle le plus enfoncé, demandait une bouteille de bière de la brasserie de M. Santerre, qui venait de se démettre, en faveur de M. Henriot, de son grade de général de la garde nationale de Paris, chargeait jusqu'à la gueule cette immense pipe que nous connaissons déjà, et s'enveloppait en quelques instants d'un nuage de fumée aussi épais que celui dont la belle Vénus enveloppait son fils Enée, chaque fois que la tendre mère jugeait urgent d'arracher son fils bien-aimé à la colère de ses ennemis.

Huit ou dix jours s'étaient écoulés depuis l'aventure d'Hoffmann à l'Opéra, et, par conséquent, depuis la disparition de la belle danseuse ; il était une heure de l'après-midi ; Hoffmann, depuis une demi-heure à peu près, se trouvait dans son estaminet, s'occupant de toute la force de ses poumons à établir autour de lui cette enceinte de fumée qui le séparait de ses voisins, quand il lui sembla, dans la vapeur, distinguer comme une forme humaine, puis, dominant tous les bruits, entendre le double bruit du chantonnement et du tambourinement habituel au petit homme noir ; de plus, au milieu de cette vapeur, il lui semblait qu'un point lumineux dégageait des étincelles ; il rouvrit ses yeux à demi fermés par une douce somnolence, écarta ses paupières avec peine, et en face de lui, assis sur un tabouret, il reconnut son voisin de l'Opéra, et cela d'autant mieux que le fantastique docteur avait ou plutôt semblait avoir ses boucles en diamants à ses doigts, et sa tête de mort sur sa tabatière.

— Bon, dit Hoffmann, voilà que je redeviens fou. Et il ferma rapidement les yeux.

Mais, les yeux une fois fermés, plus ils le furent hermétiquement, plus Hoffmann entendit, et le petit accompagnement de chant, et le petit tambourine-

ment des doigts. Le tout de la façon la
plus distincte, si distincte qu'Hoffmann
comprit qu'il y avait un fond de réalité
dans tout cela, et que la différence était
du plus au moins. Voilà tout.

Il rouvrit donc un œil, puis l'autre ;
le petit homme noir était toujours à sa
place.

— Bonjour, jeune homme, dit-il à
Hoffmann ; vous dormez, je crois ; prenez une prise, cela vous réveillera.

Et, ouvrant sa tabatière, il offrit du
tabac au jeune homme.

Celui-ci, machinalement, étendit la
main, prit une prise et l'aspira.

A l'instant même il lui sembla que les parois de son esprit s'éclairèrent.

— Ah! s'écria Hoffmann! c'est vous, cher docteur! que je suis aise de vous revoir!

— Si vous êtes si aise de me revoir, demanda le docteur, pourquoi ne m'avez-vous pas cherché?

— Est-ce que je savais votre adresse?

— Oh! la belle affaire! au premier cimetière venu on vous l'eût donnée.

— Est-ce que je savais votre nom?

— Le docteur à la tête de mort, tout le monde me connaît sous ce nom-là Puis il y avait un endroit où vous étiez toujours sûr de me trouver.

— Où cela?

— A l'Opéra. Je suis médecin de l'Opéra. Vous le savez bien, puisque vous m'y avez vu deux fois.

— Oh! l'Opéra, dit Hoffmann en secouant la tête et en poussant un soupir.

— Oui, vous n'y retournez plus?

— Je n'y retourne plus, non.

— Depuis que ce n'est plus Arsène qui remplit le rôle de Flore?

— Vous l'avez dit, et tant que ce ne

sera pas elle, je n'y retournerai pas.

— Vous l'aimez, jeune homme, vous l'aimez.

— Je ne sais pas si la maladie que j'éprouve s'appelle de l'amour, mais je sais que si je ne la revois pas, ou je mourrai de son absence, ou je deviendrai fou.

— Peste! il ne faut pas devenir fou! peste! il ne faut pas mourir! A la folie il y a peu de remèdes, à la mort il n'y en a pas du tout.

— Que faut-il faire alors?

— Dam! il faut la revoir.

— Comment cela, la revoir ?

— Sans doute !

— Avez-vous un moyen ?

— Peut-être.

— Lequel ?

— Attendez.

Et le docteur se mit à rêver en clignottant des yeux et en tambourinant sur sa tabatière.

Puis, après un instant, rouvrant les yeux et laissant ses doigts suspendus sur l'ébène :

— Vous êtes peintre, m'avez-vous dit ?

—Oui, peintre, musicien, poëte.

— Nous n'avons besoin que de la peinture pour le moment.

— Eh bien ?

— Eh bien ! Arsène m'a chargé de lui chercher un peintre.

— Pourquoi faire ?

— Pourquoi cherche-t-on un peintre, pardieu ! pour lui faire son portrait.

— Le portrait d'Arsène ! s'écria Hoffmann en se levant, oh ! me voilà ! me voilà !

—Chut ! pensez donc que je suis un homme grave.

— Vous êtes mon sauveur ! s'écria Hoffmann en jetant ses bras autour du cou du petit homme noir.

— Jeunesse, jeunesse, murmura celui-ci en accompagnant ces deux mots du même rire dont eût ricané sa tête de mort si elle eût été de grandeur naturelle.

— Allons, allons, répétait Hoffmann.

— Mais il vous faut une boîte à couleurs, des pinceaux, une toile.

— J'ai tout cela chez moi, allons.

— Allons, dit le docteur.

Et tous deux sortirent de l'estaminet.

VI

Le portrait.

Hoffmann, en sortant de l'estaminet, fit un mouvement pour appeler un fiacre, mais le docteur frappa ses mains sèches l'une contre l'autre, et à ce bruit, pareil à celui qu'eussent fait deux mains de squelette, une voiture tendue de noir, attelée de deux chevaux noirs, et conduite par un cocher tout vêtu de noir, accourut : où stationnait-elle ? d'où était-elle sortie ? C'eût été aussi difficile à Hoffmann de le dire qu'il eût été difficile à Cendrillon de dire d'où venait le char dans lequel elle se rendait au bal du prince Mirliflore.

Un petit gromm, non-seulement noir d'habits mais de peau, ouvrit la portière. Hoffmann et le docteur y montèrent, s'assirent l'un à côté de l'autre, et tout aussitôt la voiture se mit à rouler sans bruit vers l'hôtellerie d'Hoffmann.

Arrivé à la porte, Hoffmann hésita pour savoir s'il monterait chez lui ; il lui semblait qu'aussitôt qu'il allait avoir le dos tourné, la voiture, les chevaux, le docteur et ses deux domestiques, allaient disparaître comme ils étaient apparus. Mais à quoi bon, docteur, chevaux, voiture et domestiques, se fussent-ils dérangés pour conduire Hoffmann de l'estaminet de la rue de la Monnaie au quai aux fleurs, ce dérangement n'avait pas de but. Hoffmann, rassuré par le simple sentiment de la logique, descendit donc de la voiture, entra dans l'hôtellerie, monta vivement l'escalier, se précipita dans sa chambre, y prit palette, pinceaux, boîte à couleurs, choisit la plus grande de ses toiles, et redescendit du même pas qu'il était monté.

La voiture était toujours à la porte.

Pinceaux, palette et boîte à couleurs furent mis dans l'intérieur du carrosse ; le groom fut chargé de porter la toile.

Puis, la voiture se remit à rouler avec la même rapidité et le même silence.

Au bout de dix minutes elle s'arrêta en face d'un charmant petit hôtel situé rue de Hanovre, 15.

Hoffmann remarqua la rue et le numéro, afin, le cas échéant, de pouvoir revenir sans l'aide du docteur.

La porte s'ouvrit : le docteur était connu sans doute, car le concierge ne lui demanda pas même où il allait ; Hoffman suivit le docteur avec ses pinceaux, sa boîte à couleurs, sa palette, sa toile, et passa par-dessus le marché.

On monta au premier, et l'on entra dans une antichambre qu'on eût pu croire le vestibule de la maison du poëte à Pompeïa.

On s'en souvient, à cette époque la mode était grecque ; l'antichambre d'Arsène était peinte à fresque, ornée de candélabres et de statues de bronze.

De l'antichambre, le docteur et Hoffmann passèrent dans le salon.

Le salon était grec comme l'antichambre, tendu avec du drap de Sedan à 70 francs l'aune, le tapis seul coûtait 6,000 livres; le docteur fit remarquer ce tapis à Hoffmann; il représentait la bataille d'Arbelles copiée sur la fameuse mosaïque de Pompéia.

Hoffmann, ébloui de ce luxe inouï, ne comprenait pas que l'on fît de pareils tapis pour marcher dessus.

Du salon, on passa dans le boudoir; le boudoir était tendu de cachemire. Au fond, dans un encadrement, était un lit bas, faisant canapé pareil à celui sur lequel M. Guérin coucha depuis Didon écoutant les aventures d'Enéas. C'était là qu'Arsène avait donné l'ordre de faire attendre.

— Maintenant, jeune homme, dit le docteur, vous voilà introduit, c'est à vous de vous conduire d'une façon convenable. Il va sans dire que si l'amant en titre vous surprenait ici, vous seriez un homme perdu.

— Oh! s'écria Hoffmann, que je la revoie, que je la revoie seulement, et...

La parole s'éteignit sur les lèvres

d'Hoffmann ; il resta les yeux fixes, les bras étendus, la poitrine haletante.

Une porte, cachée dans la boiserie, venait de s'ouvrir, et, derrière une glace tournante, apparaissait Arsène, véritable divinité du temple dans lequel elle daignait se faire visible à son adorateur.

C'était le costume d'Aspasie dans tout son luxe antique, avec ses perles dans les cheveux, son manteau de pourpre brodé d'or, sa longue robe blanche maintenue à la taille par une simple ceinture de perles, des bagues aux pieds et aux mains, et, au milieu de tout cela, cet étrange ornement qui semblait inséparable de sa personne, ce collier de velours, large de quatre lignes à peine, et retenu par sa lugubre agrafe de diamants.

— Ah! c'est vous, citoyen, qui vous chargez de faire mon portrait, dit Arsène.

— Oui, balbutia Hoffmann ; oui, Madame, et le docteur a bien voulu se charger de répondre de moi.

Hoffmann chercha autour de lui comme pour demander un appui au docteur, mais le docteur avait disparu.

— Eh bien! s'écria Hoffmann tout troublé ; eh bien !

— Que cherchez-vous, que demandez-vous, citoyen ?

— Mais, Madame, je cherche, je demande... je demande le docteur, la personne enfin qui m'a introduit ici.

— Qu'avez-vous besoin de votre introducteur, dit Arsène, puisque vous voilà introduit ?

— Mais cependant, le docteur, le docteur ? fit Hoffmann.

—Allons ! dit avec impatience Arsène, n'allez-vous pas perdre le temps à le chercher ? Le docteur est à ses affaires, occupons-nous des nôtres.

— Madame, je suis à vos ordres, dit Hoffmann tout tremblant.

— Voyons, vous consentez donc à faire mon portrait ?

— C'est-à-dire que je suis l'homme le plus heureux du monde d'avoir été choisi pour une telle faveur ; seulement, je n'ai qu'une crainte.

— Bon ! vous allez faire de la modestie. Eh bien ! si vous ne réussissez pas, j'essaierai d'un autre. Il veut avoir un portrait de moi. J'ai vu que vous me regardiez en homme qui deviez garder ma ressemblance dans votre mémoire, et je vous ai donné la préférence.

— Merci, merci cent fois ! s'écria Hoffmann, dévorant Arsène des yeux. Oh ! oui, oui, j'ai gardé votre ressemblance dans ma mémoire : là, là, là.

Et il appuya sa main sur son cœur.

Tout à coup il chancela et pâlit.

— Qu'avez-vous ? demanda Arsène d'un petit air tout dégagé.

— Rien, répondit Hoffmann, rien ; commençons.

En mettant sa main sur son cœur, il avait senti entre sa poitrine et sa chemise le médaillon d'Antonia.

— Commençons, poursuivit Arsène.

C'est bien aisé à dire. D'abord, ce n'est point sous ce costume qu'*il* veut que je me fasse peindre.

Ce mot *il*, qui était déjà revenu deux fois, passait à travers le cœur d'Hoffmann comme eût fait une de ces aiguilles d'or qui soutenaient la coiffure de la moderne Aspasie.

— Et comment donc alors veut-*il* que vous vous fassiez peindre? demanda Hoffmann avec une amertume sensible.

— En Érigone.

— A merveille. La coiffure de pampre vous ira à merveille.

— Vous croyez? fit Arsène en minaudant. Mais je crois que la peau de panthère ne m'enlaidira pas non plus.

Et elle frappa sur un timbre.

Une femme de chambre entra.

— Eucharis, dit Arsène, apportez le thyrse, les pampres et la peau de tigre.

Puis, tirant les deux ou trois épingles qui soutenaient sa coiffure, et secouant la tête, Arsène s'enveloppa d'un flot de cheveux noirs qui tomba en cascades sur son épaule, rebondit sur ses hanches et s'épandit, épais et onduleux, jusque sur le tapis.

Hoffmann jeta un cri d'admiration.

— Heim! qu'y a-t-il? demanda Arsène.

— Il y a, s'écria Hoffmann, il y a que je n'ai jamais vu pareils cheveux.

— Aussi veut-*il* que j'en tire parti, c'est pour cela que *nous* avons choisi le costume d'Erigone, qui me permet de poser les cheveux épars.

Cette fois le *il* et le *nous* avaient frappé le cœur d'Hoffmann de deux coups au lieu d'un.

Pendant ce temps, mademoiselle Eucharis avait apporté les raisins, le thyrse et la peau de tigre.

— Est-ce tout ce dont nous avons besoin ? demanda Arsène.

— Oui, oui, je crois, balbutia Hoffmann.

— C'est bien, laissez-nous seuls, et ne rentrez que si je vous sonne.

Mademoiselle Eucharis sortit et referma la porte derrière elle.

— Maintenant, citoyen, dit Arsène, aidez-moi un peu à poser cette coiffure ; cela vous regarde. Je me fie beaucoup, pour m'embellir, à la fantaisie du peintre.

— Et vous avez raison ! s'écria Hoffmann ; mon Dieu ! mon Dieu ! que vous allez être belle !

Et saisissant la branche de pampre, il la tordit autour de la tête d'Arsène avec cet art du peintre qui donne à chaque chose une valeur et un reflet ; puis il prit, tout frissonnant d'abord, et du bout des doigts, ces longs cheveux parfumés, en fit jouer le mobile ébène, parmi les grains de topaze, parmi les feuilles d'émeraude et de rubis de la vigne d'automne ; et, — comme il l'avait promis, — sous sa main, — main de poète, de peintre et d'amant, la danseuse s'embellit de telle façon, qu'en se regardant dans la glace, elle jeta un cri de joie et d'orgueil.

— Oh! vous avez raison, dit Arsène, oui, je suis belle, bien belle. — Maintenant, continuons.

— Quoi? que continuons-nous? demanda Hoffmann.

— Eh bien! mais ma toilette de bacchante?

Hoffmann commençait à comprendre.

— Mon Dieu! murmura-t-il, mon Dieu!

Arsène détacha en souriant son manteau de pourpre, qui demeura retenu par une seule épingle, à laquelle elle essaya vainement d'atteindre.

— Mais aidez-moi donc! dit-elle avec impatience, ou faut-il que je rappelle Eucharis?

— Non, non! s'écria Hoffmann. Et s'élançant vers Arsène, il enleva l'épingle rebelle : le manteau tomba au pied de la belle Grecque.

— Là, dit le jeune homme en respirant.

— Oh! dit Arsène, croyez-vous donc que cette peau de tigre fasse bien sur cette longue robe de mousseline? moi je ne crois pas ; d'ailleurs il veut une vraie bacchante, non pas comme on les voit au théâtre, mais comme elles sont dans les tableaux des Carrache et de l'Albane.

— Mais, dans les tableaux des Carrache et de l'Albane, s'écria Hoffmann, les bacchantes sont nues.

— Eh bien ! *il* me veut ainsi, à part la peau de tigre que vous draperez comme vous voudrez, cela vous regarde.

Et, en disant ces mots, elle avait dénoué le ruban de sa taille et ouvert l'agrafe de son col, de sorte que la robe glissait le long de son beau corps, qu'elle laissait nu, au fur et à mesure qu'elle descendait des épaules aux pieds.

— Oh! dit Hoffmann, tombant à genoux, ce n'est pas une mortelle, c'est une déesse.

Arsène poussa du pied le manteau et la robe.

Puis, prenant la peau de tigre :

— Voyons, dit-elle, que faisons-nous de cela? Mais aidez-moi donc, citoyen peintre, je n'ai pas l'habitude de m'habiller seule.

La naïve danseuse appelait cela s'habiller.

Hoffmann approcha chancelant, ivre, ébloui, prit la peau de tigre, agrafa ses ongles d'or sur l'épaule de la bacchante, la fit asseoir ou plutôt coucher sur le lit de cachemire rouge, où elle eût semblé une statue de marbre de Paros si sa respiration n'eût soulevé son sein, si le sourire n'eût entr'ouvert ses lèvres.

— Suis-je bien ainsi? demanda-t-elle en arrondissant son bras au-dessus de sa tête et en prenant une grappe de raisin qu'elle parut presser sur ses lèvres.

— Oh! oui, belle, belle, belle, murmura Hoffmann.

Et l'amant, l'emportant sur le peintre,

il tomba à genoux, et, d'un mouvement rapide comme la pensée, il prit la main d'Arsène et la couvrit de baisers.

Arsène retira sa main avec plus d'étonnement que de colère.

— Eh bien! que faites-vous donc? demanda-t-elle au jeune homme.

La demande avait été faite d'un ton si calme et si froid, qu'Hoffman se renversa en arrière, en appuyant les deux mains sur son front.

— Rien, rien, balbutia-t-il; pardonnez-moi, je deviens fou.

— Oui, en effet, dit-elle.

— Voyons, s'écria Hoffmann, pourquoi m'avez-vous fait venir ? dites, dites !

— Mais pour que vous fassiez mon portrait, pas pour autre chose.

— Oh ! c'est bien, dit Hoffmann, oui, vous avez raison ; pour faire votre portrait, pas pour autre chose.

Et imprimant une profonde secousse à sa volonté, Hoffmann posa sa toile sur le chevalet, prit sa palette, ses pinceaux, et commença d'esquisser l'enivrant tableau qu'il avait sous les yeux.

Mais l'artiste avait trop présumé de ses forces : lorsqu'il vit le voluptueux modèle posant, non seulement dans son ardente réalité, mais encore reproduit par les mille glaces du boudoir ; quand au lieu d'une Érigone, il se trouva au milieu de dix bacchantes ; lorsqu'il vit chaque miroir répéter ce sourire enivrant, reproduire les ondulations de cette poitrine que l'ongle d'or de la panthère ne couvrait qu'à moitié, il sentit qu'on demandait de lui au-delà des forces humaines, et jetant palette et pinceaux, il s'élança vers la belle bacchante, et appuya sur son épaule un baiser, où il y avait autant de rage que d'amour.

Mais au même instant, la porte s'ouvrit, et la nymphe Eucharis se précipita dans le boudoir en criant :

— Lui ! lui ! lui !

Au même instant, avant qu'il eût eu le temps de se reconnaître, Hoffmann, poussé par les deux femmes, se trouva lancé hors du boudoir, dont la porte se referma derrière lui, et cette fois, véritablement fou d'amour, de rage et de jalousie, il traversa le salon tout chancelant, glissa le long de la rampe plutôt qu'il ne descendit l'escalier, et, sans savoir comment il était arrivé là, il se trouva dans la rue, ayant laissé dans le boudoir d'Arsène ses pinceaux, sa boîte à couleurs et sa palette, ce qui n'était rien, mais aussi son chapeau, ce qui pouvait être beaucoup.

VII

Le Tentateur.

Ce qui rendait la situation d'Hoffmann plus terrible encore, en ce qu'elle ajoutait l'humiliation à la douleur, c'est qu'il n'avait pas, la chose était évidente pour lui, été appelé chez Arsène comme un homme qu'elle avait remarqué à l'orchestre de l'Opéra, mais purement et simplement comme un peintre, comme une machine à portrait, comme un miroir qui réfléchit les corps qu'on lui présente. De là cette insouciance d'Arsène à laisser tomber l'un après l'autre, tous ses vêtements devant lui ; de là cet étonnement quand il lui avait baisé la main ; de là cette colère quand, au milieu de l'âcre baiser dont il lui avait rougi l'épaule, il lui avait dit qu'il l'aimait.

Et, en effet, n'était-ce pas folie à lui, simple étudiant allemand, venu à Paris avec trois ou quatre cents thalers, c'est-à-dire avec une somme insuffisante à payer le tapis de son antichambre, n'était-ce pas une folie à lui d'aspirer à la danseuse à la mode, à la fille entretenue par le prodigue et voluptueux Danton! Cette femme, ce n'était point le son des paroles qui la touchait, c'était le son de l'or; son amant, ce n'était pas celui qui l'aimait le plus, c'était celui qui la payait davantage. Qu'Hoffmann ait plus d'argent que Danton, et ce serait Danton que l'on mettrait à la porte lorsque Hoffmann arriverait.

En attendant, ce qu'il y avait de plus clair, c'est que celui qu'on avait mis à la porte, ce n'était pas Danton, mais Hoffmann.

Hoffmann reprit le chemin de sa petite chambre, plus humble et plus attristé qu'il ne l'avait jamais été. Tant qu'il ne s'était pas trouvé en face d'Arsène, il avait espéré; mais ce qu'il venait de voir, cette insouciance vis-à-vis de lui comme homme, ce luxe au milieu duquel il avait trouvé la belle danseuse, et qui était non-seulement sa vie physique, mais sa vie morale, tout cela, à moins d'une somme folle, inouïe, qui tombât entre les mains d'Hoffmann, c'est-à-dire à moins d'un miracle, rendait impossible au jeune homme, même l'espérance de la possession.

Aussi rentra-t-il accablé; le singulier

sentiment qu'il éprouvait pour Arsène, sentiment tout physique, tout attractif, et dans lequel le cœur n'était pour rien, s'était traduit jusque-là par les désirs, par l'irritation, par la fièvre.

A cette heure, désirs, irritation et fièvre s'étaient changés en profond accablement.

Un seul espoir restait à Hoffmann, c'était de retrouver le docteur noir et de lui demander avis sur ce qu'il devait faire, quoiqu'il y eût dans cet homme quelque chose d'étrange, de fantastique, de surhumain, qui lui fit croire qu'aussitôt qu'il le côtoyait, il sortait de la vie réelle pour entrer dans une espèce de rêve où ne le suivaient ni sa volonté, ni son libre arbitre, et où il devenait le jouet d'un monde qui existait pour lui sans exister pour les autres.

Aussi, à l'heure accoutumée, retourna-t-il le lendemain à son estaminet de la rue de la Monnaie; mais il eut beau s'envelopper d'un nuage de fumée, nul visage ressemblant à celui du docteur n'apparut au milieu de cette fumée; mais il eut beau fermer les yeux, nul, lorsqu'il les rouvrit, n'était assis sur le tabouret qu'il avait placé de l'autre côté de la table.

Huit jours s'écoulèrent ainsi.

Le huitième jour, Hoffmann, impatient, quitta l'estaminet de la rue de la Monnaie, une heure plus tôt que de coutume, c'est-à-dire vers quatre heures de l'après-midi, et par Saint-Germain-l'Auxerrois et le Louvre, gagna machinalement la rue Saint-Honoré.

A peine y fut-il, qu'il s'aperçut qu'un grand mouvement se faisait du côté du cimetière des Innocents, et allait s'approchant vers la place du Palais-Royal. Il se rappela ce qui lui était arrivé le lendemain du jour de son entrée à Paris et reconnut le même bruit, la même rumeur qui l'avait déjà frappé lors de l'exécution de madame Du Barry. En effet, c'étaient les charrettes de la Conciergerie, qui, chargées de condamnés, se rendaient à la place de la Révolution.

On sait l'horreur qu'Hoffmann avait pour ce spectacle; aussi comme les charrettes avançaient rapidement, s'élança-t-il dans un café placé au coin de la rue de la Loi, tournant le dos à la rue, fermant les yeux et se bouchant les oreilles, car les cris de madame Du Barry retentissaient encore au fond de son cœur, puis, quand il supposa que les charrettes étaient passées, il se retourna et vit, à son grand étonnement, descendant d'une chaise où il était monté pour mieux voir, son ami Zacharias Werner.

— Werner! s'écria Hoffmann en s'élançant vers le jeune homme, Werner!

— Tiens, c'est toi, fit le poète, où étais-tu donc ?

— La, là, mais les mains sur mes oreilles pour ne pas entendre les cris de ces malheureux, mais les yeux fermés pour ne pas les voir.

— En vérité, cher ami, tu as eu tort, dit Werner, tu es peintre! Et ce que tu eusses vu t'eût fourni le sujet d'un merveilleux tableau. Il y avait dans la troisième charrette, vois-tu, il y avait une femme, une merveille, un cou, des épaules et des cheveux, coupés par derrière c'est vrai, mais de chaque côté tombant jusqu'à terre.

— Ecoute, dit Hoffmann, j'ai vu sous ce rapport tout ce que l'on peut voir de mieux; j'ai vu madame Du Barry, et je n'ai pas besoin d'en voir d'autre. Si jamais je veux faire un tableau, crois-moi, cet original-là me suffira; d'ailleurs, je ne veux plus faire de tableaux.

— Et pourquoi cela? demanda Werner.

— J'ai pris la peinture en horreur.

— Encore quelque désappointement.

— Mon cher Werner, si je reste à Paris, je deviendrai fou.

— Tu deviendras fou partout où tu seras, mon cher Hoffmann ; ainsi autant vaut à Paris qu'ailleurs ; en attendant, dis-moi quelle chose te rend fou.

— Oh ! mon cher Werner, je suis amoureux.

— D'Antonia, je sais cela, tu me l'as dit.

— Non ; Antonia, fit Hoffmann en tressaillant, Antonia, c'est autre chose, je l'aime !

— Diable ! la distinction est subtile, conte-moi cela. Citoyen officieux, de la bière et des verres !

Les deux jeunes gens bourrèrent leurs pipes, et s'assirent aux deux côtés de la table la plus enfoncée dans l'angle du café.

Là Hoffmann raconta à Werner tout ce qui lui était arrivé depuis le jour où il avait été à l'Opéra et où il avait vu danser Arsène, jusqu'au moment où il avait été poussé par les deux femmes hors du boudoir.

— Eh bien ! fit Werner, quand Hoffmann eut fini :

— Eh bien! répéta celui-ci, tout étonné que son ami ne fût pas aussi abattu que lui.

— Je demande, reprit Werner, ce qu'il y a de désespérant dans tout cela.

— Il y a, mon cher, que maintenant que je sais qu'on ne peut avoir cette femme qu'à prix d'argent, il y a que j'ai perdu tout espoir.

— Et pourquoi as-tu perdu tout espoir?

— Parce que je n'aurai jamais cinq cents louis à jeter à ses pieds.

— Et pourquoi ne les aurais-tu pas?

je les ai bien eus, moi, cinq cents louis, mille louis, deux mille louis.

— Et où veux-tu que je les prenne, bon Dieu ! s'écria Hoffmann.

— Mais dans l'Eldorado dont je t'ai parlé, à la source du Pactole, mon cher, au jeu.

— Au jeu ! fit Hoffmann en tressaillant. Mais tu sais bien que j'ai juré à Antonia de ne pas jouer.

— Bah ! dit Werner en riant, tu avais bien juré de lui être fidèle.

Hoffmann poussa un long soupir, et pressa le médaillon contre son cœur.

— Au jeu, mon ami! continua Werner. Ah! voilà une banque! Ce n'est pas comme celle de Manheim ou de Hombourg, qui menace de sauter pour quelques pauvres mille livres. Un million! mon ami, un million! des meules d'or! C'est là que s'est réfugié, je crois, tout le numéraire de la France : pas de ces mauvais papiers, pas de ces pauvres assignats démonétisés, qui perdent les trois-quarts de leur valeur.... de beaux louis, de beaux doubles louis, de beaux quadruples! Tiens, en veux-tu voir?

Et Werner tira de sa poche une poignée de louis qu'il montra à Hoffmann, et dont les rayons rejaillirent à travers le miroir de ses yeux jusqu'au fond de son cerveau.

— Oh non ! non ! jamais ! s'écria Hoffmann, se rappelant à la fois la prédiction du vieil officier et la prière d'Antonia, jamais je ne jouerai !

— Tu as tort ; avec le bonheur que tu as au jeu tu ferais sauter la banque.

— Et Antonia ! Antonia !

— Bah ! mon cher ami, qui le lui dira, à Antonia, que tu as joué, que tu as gagné un million ; qui le lui dira, qu'avec vingt-cinq mille livres, tu t'es passé la fantaisie de ta belle danseuse ? Crois-moi, retourne à Manheim, avec neuf cent soixante-quinze mille livres, et Antonia ne te demandera ni où tu as eu tes quarante-huit mille cinq cents livres de rentes, ni ce que tu as fait des vingt-cinq mille livres manquant.

Et en disant ces mots Werner se leva.

— Où vas-tu ? lui demanda Hoffmann.

— Je vais voir une maîtresse à moi, une dame de la Comédie-Française qui m'honore de ses bontés, et que je gratifie de la moitié de mes bénéfices. Dam, je suis poète, moi, je m'adresse à un théâtre littéraire ; tu es musicien, toi, tu fais ton choix dans un théâtre chantant et dansant. Bonne chance au jeu, cher ami, tous mes compliments à mademoiselle Arsène. N'oublie pas le numéro de la banque, c'est le 113. Adieu.

— Oh ! murmura Hoffmann, tu me l'avais dit, et je ne l'avais pas oublié.

Et il laissa s'éloigner son ami Werner, sans plus songer à lui demander son adresse qu'il ne l'avait fait la première fois qu'il l'avait rencontré.

Mais, malgré l'éloignement de Werner, Hoffman ne resta point seul. Chaque parole de son ami s'était faite pour ainsi dire visible et palpable : elle était là brillante à ses yeux, murmurante à ses oreilles.

En effet, où Hoffmann pouvait-il aller puiser de l'or, si ce n'était à la source de l'or! La seule réussite possible à un désir impossible, n'était-elle pas trouvée? Eh! mon Dieu! Werner l'avait dit, Hoffmann n'était-il pas déjà infidèle à une partie de son serment? qu'importait donc qu'il le devînt à l'autre?

Puis, Werner l'avait dit, ce n'était pas vingt-cinq mille livres, cinquante mille livres, cent mille livres, qu'il pouvait gagner. Les horizons matériels des champs, des bois, de la mer elle-même, ont une limite, l'horizon du tapis vert n'en a pas. Le démon du jeu est comme Satan, il a le pouvoir d'emporter le joueur sur la plus haute montagne de la terre, et de lui montrer de là tous les royaumes du monde.

Puis, quel bonheur, quelle joie, quel orgueil, quand Hoffmann rentrerait chez Arsène, dans ce même boudoir dont on l'avait chassé! de quel suprême dédain il écraserait cette femme et son terrible amant, quand, pour toute réponse à ces mots : que venez-vous faire ici ? il laisserait, nouveau Jupiter, tomber une pluie d'or sur la nouvelle Danaé!

Et tout cela, ce n'était plus une hallucination de son esprit, un rêve de son imagination, tout cela, c'était la réalité, c'était le possible. Les chances étaient égales pour le gain comme pour la perte ; plus grandes pour le gain ; car, on le sait, Hoffmann était heureux au jeu.

Oh! ce numéro 115! ce numéro 115! avec son chiffre ardent, comme il appelait Hoffmann, comme il le guidait, phare infernal, vers cet abîme au fond duquel hurle le vertige en se roulant sur une couche d'or!

Hoffmann lutta pendant plus d'une heure contre la plus ardente de toutes les passions. Puis, au bout d'une heure, sentant qu'il lui était impossible de résister plus longtemps, il jeta une pièce de quinze sous sur la table, en faisant don à l'officieux de la différence, et tout courant, sans s'arrêter, gagna le quai aux Fleurs, monta dans sa chambre, prit les trois cents thalers qui lui restaient, et, sans se donner le temps de réfléchir, sauta dans une voiture en criant :

— Au palais Égalité !

VIII

le n° 113.

Le Palais-Royal, qu'on appelait à cette époque le Palais-Égalité, et qu'on nomme aujourd'hui le Palais-National, car, chez nous, la première chose que font les révolutionnaires, c'est de changer les noms des rues et des places, quitte à les leur rendre aux restaurations, le

Palais-Royal, disons-nous, c'est sous ce nom qu'il nous est le plus familier, n'était pas à cette époque ce qu'il est aujourd'hui ; mais, comme pittoresque, comme étrangeté même, il n'y perdait rien, surtout le soir, surtout à l'heure où Hoffmann y arrivait.

Sa disposition différait peu de celle que nous voyons maintenant, à cette exception que ce qui s'appelle aujourd'hui la galerie d'Orléans, était occupé par une double galerie de charpente, galerie qui devait faire place plus tard à un promenoir de six rangs de colonnes doriques ; qu'au lieu de tilleuls, il y avait des marronniers dans le jardin, et que là où est le bassin, se trouvait un Cirque, vaste édifice tapissé de treillages, bordé de carreaux, et dont le comble était couronné d'arbustes et de fleurs.

N'allez pas croire que ce Cirque fût ce qu'est le spectacle auquel nous avons donné ce nom. Non, les acrobates et les faiseurs de tours qui s'escrimaient dans celui du Palais-Égalité, étaient d'un autre genre que cet acrobate anglais, M. Price, qui, quelques années auparavant, avait tant émerveillé la France, et qui a enfanté les Mazurier et les Auriol.

Le Cirque était occupé dans ce temps-là par les *Amis de la vérité* qui y donnaient des représentations et que l'on pouvait voir fonctionner pourvu qu'on fût abonné au journal *la Bouche de fer*. Avec son numéro du matin, on était admis le soir dans ce lieu de délices, et l'on entendait les discours de tous les fédérés, réunis, disaient-ils, dans le louable but de protéger les gouvernants et les gouvernés, d'*impartialiser* les lois et d'aller chercher dans tous les coins du monde un ami de la vérité, de quelque pays, de quelque couleur, de quelqu'opinion qu'il fût, puis, la vérité découverte, on l'enseignerait aux hommes.

Comme vous le voyez, il y a toujours eu en France des gens convaincus que c'était à eux qu'il appartenait d'éclairer les masses et que le reste de l'humanité n'était qu'une peuplade absurde.

Qu'a fait le vent qui a passé, du nom, des idées et des vanités de ces gens-là?

Cependant le Cirque faisait son bruit dans le Palais-Égalité au milieu du bruit général et mêlait sa partie criarde au grand concert qui s'éveillait chaque soir dans ce jardin.

Car, il faut le dire, en ces temps de

misère, d'exil, de terreurs et de proscriptions, le Palais-Royal était devenu le centre où la vie, comprimée tout le jour dans les passions et dans les luttes, venait, la nuit, chercher le rêve et s'efforcer d'oublier cette vérité à la recherche de laquelle s'étaient mis les membres du Cercle-Social et les actionnaires du Cirque. Tandis que tous les quartiers de Paris étaient sombres et déserts, tandis que les sinistres patrouilles, faites des geôliers du jour et des bourreaux du lendemain, rôdaient comme des bêtes fauves, cherchant une proie quelconque, tandis qu'autour du foyer, privé d'un ami ou d'un parent mort ou émigré, ceux qui étaient restés chuchotaient tristement leurs craintes ou leurs douleurs, le Palais-Royal rayonnait, lui, comme le dieu du mal, il allumait ses cent quatre-vingts arcades, il étalait ses bijoux aux vitraux des joailliers, il jetait enfin au milieu des carmagnoles populaires et à travers la misère générale ses filles perdues, ruisselantes de diamants, couvertes de blanc et de rouge, vêtues juste ce qu'il fallait pour l'être, de velours ou de soie, et promenant sous les arbres et dans les galeries leur splendide impudeur. Il y avait dans ce luxe de la prostitution une dernière ironie contre le passé, une dernière insulte faite à la monarchie. Exhiber ces créatures avec ces costumes royaux, c'était jeter la boue, après le sang, au visage de cette charmante cour de femmes si luxueuses, dont Marie-Antoinette avait été la reine et que l'ouragan révolutionnaire avait emportées de Trianon à la place de la guillotine, comme un homme ivre qui s'en irait traînant dans la boue la robe blanche de sa fiancée.

Le luxe était abandonné aux filles les plus viles ; la vertu devait marcher couverte de haillons.

C'était là une des vérités trouvées par le Cercle-Social.

Et cependant, ce peuple, qui venait de donner au monde une impulsion si violente, ce peuple parisien, chez lequel, malheureusement, le raisonnement ne vient qu'après l'enthousiasme, ce qui fait qu'il n'a jamais assez de sang-froid que pour se souvenir des sottises qu'il a faites, le peuple, disons-nous, pauvre, dévêtu, ne se rendait pas parfaitement compte de la philosophie de cette antithèse, et ce n'était pas avec mépris, mais avec envie, qu'il coudoyait ces reines de bouge, ces hideuses majestés du vice. Puis, quand les sens animés par ce qu'il voyait, quand, l'œil en feu, il voulait porter la main sur ces corps qui appartenaient à tout le monde, on lui demandait de l'or, et, s'il n'en avait pas, on le repoussait ignominieusement. Ainsi se heurtait partout ce grand principe d'égalité proclamé par la hache, écrit avec le sang, et sur lequel avaient le droit de cracher en riant ces prostituées du Palais-Royal.

Dans des jours comme ceux-là, la surexcitation morale était arrivée à un tel degré, qu'il fallait à la réalité ces étranges oppositions. Ce n'était plus sur le volcan, c'était dans le volcan même que l'on dansait, et les poumons habitués à un air de soufre et de lave, ne se fussent plus contentés des tièdes parfums d'autrefois.

Ainsi le Palais-Royal se dressait tous les soirs, éclairant tout avec sa couronne de feu. Entremetteur de pierre, il hurlait au-dessus de la grande cité morne :

— Voici la nuit, venez! J'ai tout en moi, la fortune et l'amour, le jeu et les femmes ! Je vends de tout, même le suicide et l'assassinat. Vous qui n'avez pas mangé depuis hier, vous qui souffrez, vous qui pleurez, venez chez moi ; vous verrez comme nous sommes riches ; vous verrez comme nous rions. Avez-vous une conscience ou une fille à vendre? venez! vous aurez de l'or plein les yeux, des obscénités plein les oreilles; vous marcherez à pleins pieds dans le vice, dans la corruption et dans l'oubli. Venez ici ce soir, vous serez peut-être morts demain.

C'était là la grande raison. Il fallait vivre comme on mourait, vite.

Et l'on venait.

Au milieu de tout cela, le lieu le plus fréquenté était naturellement celui où se tenait le jeu. C'était là qu'on trouvait de quoi avoir le reste.

De tous ces ardents soupiraux, c'était donc le n° 113 qui jetait le plus de lumière avec sa lanterne rouge, œil immense de ce cyclope ivre qu'on appelait le Palais-Égalité.

Si l'enfer a un numéro, ce doit être le n° 113.

Oh! tout y était prévu.

Au rez-de-chaussée, il y avait un restaurant; au premier étage, il y avait le jeu : la poitrine du bâtiment renfermait le cœur, c'était tout naturel; au second, il y avait de quoi dépenser la force que le corps avait prise au rez-de-chaussée l'argent que la poche avait gagné audessus.

Tout était prévu, nous le répétons, pour que l'argent ne sortît pas de la maison.

Et c'était vers cette maison que courait Hoffmann, le poétique amant d'Antonia.

Le 113 était où il est aujourd'hui, à quelques boutiques de la maison Corcelet.

A peine Hoffmann eût-il sauté à bas de sa voiture et mis le pied dans la galerie du Palais, qu'il fut accosté par les

divinités du lieu, grâce à son costume
d'étranger qui, en ce temps comme de
nos jours, inspirait plus de confiance
que le costume national.

Un pays n'est jamais tant méprisé que
par lui-même.

— Où est le n° 115? demanda Hoffmann à la fille qui lui avait pris le
bras.

— Ah! c'est là que tu vas, fit l'Aspasie
avec dédain! eh bien, mon petit, c'est
là où est cette lanterne rouge. Mais tâche
de garder deux louis et souviens-toi du
115.

Hoffmann se plongea dans l'allée indiquée comme Curtius dans le gouffre, et une minute après il était dans le salon du jeu.

Il s'y faisait le même bruit que dans une vente publique.

Il est vrai qu'on y vendait beaucoup de choses.

Les salons rayonnaient de dorures, de lustres, de fleurs et de femmes plus belles, plus somptueuses, plus décolletées que celles d'en bas.

Le bruit qui dominait tous les autres était le bruit de l'or. C'était là le battement de ce cœur immonde.

Hoffmann laissa à sa droite la salle où l'on taillait le trente-et-quarante, et passa dans le salon de la roulette.

Autour d'une grande table verte étaient rangés les joueurs, tous gens réunis pour le même but et dont pas un n'avait la même physionomie.

Il y en avait de jeunes, il y en avait de vieux, il y en avait dont les coudes s'étaient usés sur cette table. Parmi ces hommes il y en avait qui avaient perdu leur père la veille, ou le matin ou le soir même, et dont toutes les pensées étaient tendues vers la bille qui tournait.

Chez le joueur, un seul sentiment continue à vivre, c'est le désir, et ce sentiment se nourrit et s'augmente au détriment de tous les autres. M. de Bassompierre à qui l'on venait dire, au moment où il commençait à danser avec Marie de Médicis : Votre mère est morte, et qui répondait : Ma mère ne sera morte que quand j'aurai dansé, M. de Bassompierre était un fils pieux à côté d'un joueur. Un joueur en état de jeu, à qui l'on viendrait dire pareille chose, ne répondrait même pas le mot du marquis : d'abord parce que ce serait du temps perdu, et ensuite parce qu'un joueur, s'il n'a jamais de cœur, n'a jamais non plus d'esprit, quand il joue.

Quand il ne joue pas, c'est la même chose, il pense à jouer.

Le joueur a toutes les vertus de son vice. Il est sobre, il est patient, il est infatigable. Un joueur qui pourrait tout-à-coup détourner au profit d'une passion honnête, d'un grand sentiment, l'énergie incroyable qu'il met au service du jeu, deviendrait instantanément un des plus grands hommes du monde. Jamais César, Annibal ou Napoléon n'ont eu, au milieu même de l'exécution de leurs plus grandes choses, une force égale à la force du joueur le plus obseur. L'ambition, l'amour, les sens, le cœur, l'esprit, l'ouïe, l'odorat, le toucher, tous les ressorts vitaux de l'homme enfin, se réunissent sur un seul mot et sur un seul but : Jouer. Et n'allez pas croire que le joueur joue pour gagner; il commence par là d'abord, mais il finit par jouer pour jouer, pour voir des cartes, pour manipuler de l'or, pour éprouver ces émotions étranges qui n'ont leur comparaison dans aucune des autres passions de la vie, qui font que, devant le gain ou la perte, ces deux pôles de l'un à l'autre desquels le joueur va avec la rapidité du vent, dont l'un brûle comme le feu, dont l'autre gèle

comme la glace, qui font, disons-nous,
que son cœur bondit dans sa poitrine
sous le désir ou la réalité, comme un
cheval sous l'éperon, absorbe comme
une éponge toutes les facultés de l'âme,
les comprime, les retient, et, le coup
joué, les rejette brusquement autour de
lui pour les ressaisir avec plus de force.

Ce qui fait la passion du jeu plus forte
que toutes les autres, c'est que, ne pouvant jamais être assouvie, elle ne peut
jamais être lassée. C'est une maîtresse
qui se promet toujours et qui ne se
donne jamais. Elle tue, mais elle ne fatigue pas.

La passion du jeu, c'est l'hystérie de l'homme.

Pour le joueur tout est mort, famille, amis, patrie. Son horizon, c'est la carte et la bille. Sa patrie, c'est la chaise où il s'assied; c'est le tapis vert où il s'appuie. Qu'on le condamne au gril comme saint Laurent, et qu'on l'y laisse jouer, je parie qu'il ne sent pas le feu et qu'il ne se retourne même pas.

Le joueur est silencieux. La parole ne peut lui servir à rien. Il joue, il gagne, il perd; ce n'est plus un homme, c'est une machine. Pourquoi parlerait-il?

Le bruit qui se faisait dans les salons

ne provenait donc pas des joueurs, mais des croupiers qui ramassaient l'or et qui criaient d'une voix nasillarde :

— Faites vos jeux.

En ce moment, Hoffmann n'était plus un observateur, la passion le dominait trop, sans quoi il eût eu là une série d'études curieuses à faire.

Il se glissa rapidement au milieu des joueurs et arriva à la lisière du tapis. Il se trouva là entre un homme debout, vêtu d'une carmagnole, et un vieillard assis et faisant des calculs avec un crayon sur du papier.

Ce vieillard, qui avait usé sa vie à

chercher une martingale, usait ses derniers jours à la mettre en œuvre et ses dernières pièces à la voir échouer. La martingale est introuvable comme l'âme.

Entre les têtes de tous ces hommes, assis et debout, apparaissaient des têtes de femmes qui s'appuyaient sur leurs épaules, qui pataugeaient dans leur or, et qui, avec une habileté sans pareille et ne jouant pas, trouvaient moyen de gagner sur le gain des uns et sur la perte des autres.

A voir ces gobelets pleins d'or et ces pyramides d'argent, on eût eu bien de la peine à croire que la misère publique était si grande, et que l'or coûtait si cher.

L'homme en carmagnole jeta un paquet de papiers sur un numéro.

— Cinquante livres, dit-il pour annoncer son jeu.

— Qu'est-ce que c'est que cela? demanda le croupier en amenant ces papiers avec son râteau, et en les prenant avec le bout des doigts.

— Ce sont des assignats, répondit l'homme.

— Vous n'avez pas d'autre argent que celui-là? fit le croupier.

— Non, citoyen.

— Alors vous pouvez faire place à un autre.

— Pourquoi ?

— Parce que nous ne prenons pas ça.

— C'est la monnaie du gouvernement.

— Tant mieux pour le gouvernement s'il s'en sert ! nous, nous n'en voulons pas.

— Ah ! bien ! dit l'homme en reprenant ses assignats, en voilà un drôle d'argent, on ne peut même pas le perdre.

Et il s'éloigna en tortillant ses assignats dans ses mains.

— Faites vos jeux ! cria le croupier.

Hoffmann était joueur, nous le savons ; mais, cette fois, ce n'était pas pour le jeu, c'était pour l'argent qu'il venait.

La fièvre qui le brûlait faisait bouillir son âme dans son corps, comme de l'eau dans un vase.

— Cent thalers au 26, cria-t-il.

Le croupier examina la monnaie allemande comme il avait examiné les assignats.

— Allez changer, dit-il à Hoffmann; nous ne prenons que l'argent français.

Hoffmann descendit comme un fou, entra chez un changeur qui se trouvait justement être un Allemand, et changea ses trois cents thalers contre de l'or, c'est-à-dire contre quarante louis environ.

La roulette avait tourné trois fois pendant ce temps.

— Quinze louis au 26 ! cria-t-il en se précipitant vers la table, et en s'en tenant, avec cette incroyable superstition des joueurs, au numéro qu'il avait d'abord choisi par hasard, et parce que c'était celui sur lequel l'homme aux assignats avait voulu jouer.

— Rien ne va plus? cria le croupier.

La bille tourna.

Le voisin d'Hoffmann ramassa deux poignées d'or et les jeta dans son chapeau qu'il tenait entre ses jambes, mais le croupier râtissa les quinze louis d'Hoffmann et bien d'autres.

C'était le numéro 16 qui avait passé.

Hoffmann sentit une sueur froide lui couvrir le front comme un filet aux mailles d'acier.

— Quinze louis au 26 ! répéta-t-il.

D'autres voix dirent d'autres numéros, et la bille tourna encore une fois.

Cette fois, tout était à la banque. La bille avait roulé dans le zéro.

— Dix louis au 26 ! murmura Hoffmann d'une voix étranglée, puis, se reprenant, il dit :

— Non, neuf seulement ; et il ressaisit une pièce d'or pour se laisser un dernier coup à jouer, une dernière espérance à avoir.

Ce fut le 30 qui sortit.

L'or se retira du tapis, comme la marée sauvage pendant le reflux.

Hoffmann, dont le cœur haletait, et qui, à travers les battements de son cerveau, entrevoyait la tête railleuse d'Arsène et le visage triste d'Antonia. Hoffmann, disons-nous, posa d'une main crispée son dernier louis sur le 26.

Le jeu fut fait en une minute.

— Rien ne va plus? cria le croupier.

Hoffmann suivit d'un œil ardent la bille qui tournait comme si c'eût été sa propre vie qui eût tourné devant lui.

Tout-à-coup il se rejeta en arrière, cachant sa tête dans ses deux mains.

Non-seulement il avait perdu, mais il n'avait plus un denier ni sur lui, ni chez lui.

Une femme qui était là et qu'on eût pu avoir pour vingt francs, une minute auparavant, poussa un cri de joie sauvage et ramassa une poignée d'or qu'elle venait de gagner.

Hoffmann eût donné dix ans de sa vie pour un des louis de cette femme.

Par un mouvement plus rapide que la

réflexion, il tâta et fouilla ses poches, comme pour n'avoir aucun doute sur la réalité.

Les poches étaient bien vides, mais il sentit quelque chose de rond comme un écu sur sa poitrine, et le saisit brusquement.

C'était le médaillon d'Antonia qu'il avait oublié.

— Je suis sauvé! cria-t-il; et il jeta le médaillon d'or comme enjeu sur le numéro 26.

IX

Le médaillon.

Le croupier prit le médaillon d'or et l'examina :

— Monsieur, dit-il à Hoffmann, car au n° 113 on s'appelait encore Monsieur, Monsieur, allez vendre cela si vous voulez, et jouez-en l'argent ; mais, je vous le répète, nous ne prenons que l'or ou l'argent monnayés.

Hoffmann saisit son médaillon, et, sans dire une syllabe, il quitta la salle de jeu.

Pendant le temps qu'il lui fallut pour descendre l'escalier, bien des pensées, bien des conseils, bien des pressentiments bourdonnaient autour de lui; mais il se fit sourd à toutes ces rumeurs vagues, et entra brusquement chez le changeur qui venait, un instant auparavant, de lui donner des louis pour ses thalers.

Le brave homme lisait, appuyé nonchalamment sur son large fauteuil de cuir, ses lunettes posées sur le bout de son nez, éclairé par une lampe basse aux rayons ternes, auxquels venait se joindre le fauve reflet des pièces d'or couchées dans leurs cuvettes de cuivre, et encadré dans un fin treillage de fil de fer, garni de petits rideaux de soie verte, et orné d'une petite porte à hauteur de la table, laquelle porte ne laissait passer que la main.

Jamais Hoffmann n'avait tant admiré l'or.

Il ouvrait des yeux émerveillés, comme s'il fût entré dans un rayon de soleil, et cependant il venait de voir au jeu plus d'or qu'il n'en voyait là; mais ce n'était pas le même or, philosophiquement parlant. Il y avait entre l'or bruyant, rapide, agité du 113, et l'or tranquille, grave, muet du changeur, la différence qu'il y a entre les bavards creux et sans esprit, et les penseurs pleins de méditation. On ne peut rien faire de bon avec l'or de la roulette ou des cartes, il n'appartient pas à celui qui le possède; mais celui qui le possède lui appartient. Venu d'une source corrompue, il doit aller à un but impur. Il a la vie en lui, mais la mauvaise vie, et il a hâte de s'en aller comme il est venu. Il ne conseille que le vice et ne fait le bien, quand il le fait, que malgré lui; il inspire des désirs

quatre fois, vingt fois plus grands que
ce qu'il vaut, et, une fois possédé, il
semble qu'il diminue de valeur ; bref,
l'argent du jeu selon qu'on le gagne ou
qu'on l'envie, selon qu'on le perd ou
qu'on le ramasse, a une valeur toujours
fictive. Tantôt une poignée d'or ne représente rien, tantôt une seule pièce
renferme la vie d'un homme ; tandis que
l'or commercial, l'or du changeur, l'or
comme celui que venait chercher Hoffmann chez son compatriote, vaut réellement le prix qu'il porte sur sa face ; il ne
sort de son nid de cuivre que contre une
valeur égale et même supérieure à la
sienne ; il ne se prostitue pas en passant,

comme une courtisane sans pudeur, sans préférence, sans amour, de la main de l'un à la main de l'autre ; il a l'estime de lui-même ; une fois sorti de chez le changeur, il peut se corrompre, il peut fréquenter la mauvaise société, ce qu'il faisait peut-être avant d'y venir, mais tant qu'il y est, il est respectable et doit être considéré. Il est l'image du besoin et non du caprice. On l'acquiert, on ne le gagne pas ; il n'est pas jeté brusquement comme de simples jetons par la main du croupier, il est méthodiquement compté pièce à pièce, lentement, par le changeur, et avec tout le respect qui lui est dû. Il est silencieux et c'est là sa grande éloquence : aussi Hoffmann, dans l'imagination duquel une comparaison de ce genre ne mettait qu'une minute à passer, se mit-il à trembler que le changeur ne voulût jamais lui donner de l'or si réel contre son médaillon. Il se crut donc forcé, quoique ce fût une perte de temps, de prendre des périphrases et des circonlocutions pour en arriver à ce qu'il voulait, d'autant plus que ce n'était pas une affaire qu'il venait proposer, mais un service qu'il venait demander à ce changeur.

— Monsieur, lui dit-il, c'est moi qui, tout-à-l'heure, suis venu changer des thalers pour de l'or.

— Oui, Monsieur, je vous reconnais, fit le changeur.

— Vous êtes Allemand, Monsieur ?

— Je suis d'Heidelberg.

— C'est là que j'ai fait mes études.

— Quelle charmante ville !

— En effet.

Pendant ce temps, le sang d'Hoffmann bouillait. Il lui semblait que chaque minute qu'il donnait à cette conversation banale était une année de sa vie qu'il perdait.

Il reprit donc en souriant :

— J'ai pensé qu'à titre de compatriote

vous voudriez bien me rendre un service.

— Lequel? demanda le changeur, dont la figure se rembrunit à ce mot. Le changeur n'est pas plus prêteur que la fourmi.

— C'est de me prêter trois louis sur ce médaillon d'or.

Et en même temps, Hoffmann passait le médaillon au commerçant, qui, le mettant dans une balance, le pesa.

— N'aimeriez-vous pas mieux le vendre? demanda le changeur.

— Oh! non, s'écria Hoffmann; non,

c'est déjà bien assez de l'engager : je vous prierai même, Monsieur, si vous me rendez ce service, de vouloir bien me garder ce médaillon avec le plus grand soin, car j'y tiens plus qu'à ma vie, et je viendrai le reprendre dès demain : il faut une circonstance comme celle où je me trouve pour que je l'engage.

— Alors je vais vous prêter trois louis, Monsieur.

Et le changeur, avec toute la gravité qu'il croyait devoir à une pareille action, prit trois louis et les aligna devant Hoffmann.

— Oh! merci, Monsieur, mille fois merci! s'écria le poète; et, s'emparant des trois pièces d'or, il disparut.

Le changeur reprit silencieusement sa lecture, après avoir déposé le médaillon dans un coin de son tiroir.

Ce n'est pas à cet homme que fût venue l'idée d'aller risquer son or, contre l'or du 113.

Le joueur est si près d'être sacrilége, qu'Hoffmann en jetant sa première pièce d'or sur le n° 26, car il ne voulait les risquer qu'une à une, qu'Hoffmann, disons-nous, prononça le nom d'Antonia.

Tant que la bille tourna, Hoffmann

n'eut pas d'émotions, quelque chose lui disait qu'il allait gagner.

Le 26 sortit.

Hoffmann rayonnant ramassa trente-six louis.

La première chose qu'il fit fut d'en mettre trois à part dans le gousset de sa montre pour être sûr de pouvoir reprendre le médaillon de sa fiancée, au nom de laquelle il devait évidemment ce premier gain. Il laissa trente-trois louis sur le même numéro, et le même numéro sortit. C'était donc trente-six fois trente-trois louis qu'il gagnait, c'est-à-dire onze cent quatre-vingt-huit louis, c'est-à-dire plus de vingt-cinq mille francs.

Alors Hoffmann, puisant à pleines mains dans le Pactole solide, et le prenant par poignées, joua au hasard, à travers un éblouissement sans fin. A chaque coup qu'il jouait, le monceau de son gain grossissait, semblable à une montagne sortant tout à coup de l'eau.

Il en avait dans ses poches, dans son habit, dans son gilet, dans son chapeau, dans ses mains, sur la table, partout enfin. L'or coulait devant lui de la main des croupiers comme le sang d'une large blessure. Il était devenu le Jupiter de toutes les Danaées présentes et le caissier de tous les joueurs malheureux.

Il perdit bien ainsi une vingtaine de mille francs.

Enfin, ramassant tout l'or qu'il avait devant lui, quand il crut en avoir assez, il s'enfuit, laissant, pleins d'admiration et d'envie tous ceux qui se trouvaient là, et courut dans la direction de la maison d'Arsène.

Il était une heure du matin; mais peu lui importait.

Venant avec une pareille somme, il lui semblait qu'il pouvait venir à toute heure de la nuit, et qu'il serait toujours le bien-venu.

Il se faisait une joie de couvrir de tout cet or ce beau corps qui s'était dévoilé devant lui, et qui, resté de marbre devant son amour, s'animerait devant sa richesse, comme la statue de Prométhée quand il eut trouvé son âme véritable.

Il allait entrer chez Arsène, vider ses poches jusqu'à sa dernière pièce, et lui dire : maintenant aimez-moi ; puis le lendemain il repartirait, pour échapper, si cela était possible, au souvenir de ce rêve fiévreux et intense.

Il frappa à la porte d'Arsène comme un maître qui rentre chez lui.

La porte s'ouvrit.

Hoffmann courut vers le perron de l'escalier.

— Qui est là ? cria la voix du portier.

Hoffmann ne répondit pas.

— Où allez-vous, citoyen ? répéta la même voix, et une ombre vêtue, comme les ombres le sont la nuit, sortit de la loge et courut après Hoffmann.

En ce temps on aimait fort à savoir qui sortait et surtout qui entrait.

— Je vais chez mademoiselle Arsène,

répondit Hoffmann en jetant au portier trois ou quatre louis pour lesquels une heure plus tôt il eût donné son âme.

Cette façon de s'exprimer plut à l'officieux.

— Mademoiselle Arsène n'est plus ici, Monsieur, répondit-il, pensant avec raison qu'on devait substituer le mot Monsieur au mot citoyen quand on avait affaire à un homme qui avait la main si facile. Un homme qui demande peut dire : citoyen ; mais un homme qui reçoit ne peut dire que : Monsieur.

— Comment ! s'écria Hoffmann, Arsène n'est plus ici ?

— Non, Monsieur.

— Vous voulez dire qu'elle n'est pas rentrée ce soir.

— Je veux dire qu'elle ne rentrera plus.

— Où est-elle, alors ?

— Je n'en sais rien.

— Mon Dieu ! mon Dieu ! fit Hoffmann, et il prit sa tête dans ses deux mains comme pour contenir sa raison près de lui échapper. Tout ce qui lui arrivait depuis quelque temps était si étrange, qu'à chaque instant il disait : allons, voilà le moment où je vais devenir fou !

— Vous ne savez donc pas la nouvelle ? reprit le portier.

— Quelle nouvelle ?

— M. Danton a été arrêté.

— Quand ?

— Hier. C'est M. Robespierre qui a fait cela. Quel grand homme que le citoyen Robespierre !

— Eh bien ?

— Eh bien ! mademoiselle Arsène a été forcée de se sauver ; car, comme maîtresse de Danton, elle aurait pu être compromise dans toute cette affaire.

— C'est juste. Mais comment s'est-elle sauvée ?

— Comme on se sauve quand on a peur d'avoir le cou coupé, tout droit devant soi.

— Merci, mon ami, merci, fit Hoffmann, et il disparut après avoir encore laissé quelques pièces dans la main du portier.

Quand il fut dans la rue, Hoffmann se demanda ce qu'il allait devenir, et à quoi allait maintenant lui servir tout son or ; car, comme on le pense bien, l'idée qu'il pourrait retrouver Arsène ne lui vint pas à l'esprit, pas plus que l'idée de rentrer chez lui et de prendre du repos

Il se mit donc, lui aussi, à marcher

tout droit devant lui, faisant résonner le pavé des rues mornes sous le talon de ses bottes et marchant tout éveillé dans son rêve douloureux.

La nuit était froide, les arbres étaient décharnés et tremblaient au vent de la nuit comme des malades en délire qui ont quitté leur lit et dont la fièvre agite les membres amaigris.

Le givre fouettait le visage des promeneurs nocturnes, et à peine si, de temps en temps, dans les maisons qui confondaient leur masse avec le ciel sombre, une fenêtre éclairée trouait l'ombre.

Cependant cet air froid lui faisait du bien. Son âme se dépensait peu à peu dans cette course rapide, et, si l'on peut s'exprimer ainsi, son effervescence morale se volatilisait. Dans une chambre il eût étouffé, puis, à force d'aller en avant, il rencontrerait peut-être Arsène ; qui sait? en se sauvant elle avait peut-être pris le même chemin que lui en sortant de chez elle.

Il longea ainsi le boulevard désert, traversa la rue Royale, comme si, au défaut de ses yeux qui ne regardaient pas, ses pieds eussent reconnu d'eux-mêmes le lieu où il était ; il leva la tête, et il s'arrêta en s'apercevant qu'il marchait droit vers la place de la Révolution, vers cette place où il avait juré de ne jamais revenir.

Tout sombre qu'était le ciel, une silhouette plus sombre encore se détachait sur l'horizon noir comme de l'encre c'était la silhouette de la hideuse machine, dont le vent de la nuit séchait la bouche humide de sang, et qui dormait en attendant sa file quotidienne.

C'était pendant le jour qu'Hoffmann ne voulait plus revoir cette place ; c'était à cause du sang qui y coulait, qu'il ne voulait plus s'y trouver ; mais, la nuit, ce n'était plus la même chose ; il y avait pour le poète, chez qui, malgré tout, l'instinct poétique veillait sans cesse, il y avait de l'intérêt à voir, à toucher du doigt, dans le silence et dans l'ombre, le sinistre échafaudage dont l'image sanglante devait, à l'heure qu'il était, se présenter à bien des esprits.

Quel plus beau contraste, en sortant de la salle bruyante du jeu, que cette place déserte, et dont l'échafaud était l'hôte éternel ! Après le spectacle de la mort, de l'abandon, de l'insensibilité !

Hoffmann marchait donc vers la guillotine comme attiré par une force magnétique.

Tout à coup, et presque sans savoir comment cela s'était fait, il se trouva face à face avec elle.

Le vent sifflait dans les planches.

Hoffmann croisa ses mains sur sa poitrine et regarda.

Que de choses durent naître dans l'esprit de cet homme, qui, les poches pleines d'or, et comptant sur une nuit de volupté, passait solitairement cette nuit en face d'un échafaud !

Il lui sembla, au milieu de ses pensées,

qu'une plainte humaine se mêlait aux plaintes du vent.

Il pencha la tête en avant et prêta l'oreille.

La plainte se renouvela, venant non pas de loin, mais de bas.

Hoffmann regarda autour de lui, et ne vit personne.

Cependant un troisième gémissement arriva jusqu'à lui.

— On dirait une voix de femme, murmura-t-il, et l'on dirait que cette voix sort de dessous cet échafaud.

Alors se baissant, pour mieux voir, il

commença à faire le tour de la guillotine. Comme il passait devant le terrible escalier, son pied heurta quelque chose ; il étendit les mains et toucha un être accroupi sur les premières marches de cet escalier et tout vêtu de noir.

— Qui êtes-vous, demanda Hoffmann, vous qui dormez la nuit auprès d'un échafaud?

Et en même temps il s'agenouillait pour voir le visage de celle à qui il parlait.

Mais elle ne bougeait pas, et, les coudes appuyés sur les genoux, elle reposait sa tête sur ses mains.

Malgré le froid de la nuit, elle avait les épaules presque entièrement nues, et Hoffmann put voir une ligne noire qui cerclait son cou blanc.

Cette ligne, c'était un collier de velours.

— Arsène ! cria-t-il.

—Eh bien ! oui, Arsène, murmura d'une voix étrange la femme accroupie, en relevant la tête et regardant Hoffmann.

X

Un hôtel de la rue Saint-Honoré.

Hoffmann recula épouvanté ; malgré la voix, malgré le visage, il doutait encore. Mais, en relevant la tête, Arsène laissa tomber ses mains sur ses genoux, et dégageant son col, ses mains laissèrent voir l'étrange agrafe de diamants qui réunissait les deux bouts du collier de velours, et qui étincelait dans la nuit.

— Arsène, Arsène? répéta Hoffmann.

Arsène se leva.

— Que faites-vous ici, à cette heure? demanda le jeune homme. Comment! vêtue de cette robe grise! Comment! les épaules nues!

— Il a été arrêté hier, dit Arsène, on est venu pour m'arrêter moi-même, je me suis sauvée comme j'étais, et cette nuit, à onze heures, trouvant ma chambre trop petite et mon lit trop froid, j'en suis sortie, et suis venue ici.

Ces paroles étaient dites avec un singulier accent, sans gestes, sans inflexions; elles sortaient d'une bouche pâlie qui s'ouvrait et se refermait comme par un ressort : on eût dit d'un automate qui parlait.

— Mais, s'écria Hoffmann, vous ne pouvez rester ici.

— Où irais-je ? — Je ne veux rentrer d'où je sors que le plus tard possible ; j'ai eu trop froid.

— Alors venez avec moi, s'écria Hoffmann.

— Avec vous ! fit Arsène.

Et il sembla au jeune homme que de

cet œil morne tombait sur lui, à la lueur des étoiles, un regard dédaigneux, pareil à celui dont il avait déjà été écrasé dans le charmant boudoir de la rue de Hanovre.

— Je suis riche, j'ai de l'or, s'écria Hoffmann.

L'œil de la danseuse jeta un éclair.

— Allons, dit-elle, mais où ?

— Où !

En effet, où Hoffmann allait-il conduire cette femme de luxe et de sensualité, qui, une fois sortie des palais magiques et des jardins enchantés de l'Opéra, était habituée à fouler les tapis de Perse et à se rouler dans les cachemires de l'Inde.

Certes, ce n'était pas dans sa petite chambre d'étudiant qu'il pouvait la conduire ; elle eût été là aussi à l'étroit et aussi froidement que dans cette demeure inconnue dont elle parlait tout-à-l'heure, et où elle paraissait craindre si fort de rentrer.

— Où, en effet ? demanda Hoffmann, je ne connais point Paris.

— Je vais vous conduire, dit Arsène.

— Oh ! oui, oui, s'écria Hoffmann.

— Suivez-moi, dit la jeune femme.

Et de cette même démarche raide et

automatique qui n'avait rien de commun avec cette souplesse ravissante qu'Hoffmann avait admirée dans la danseuse, elle se mit à marcher devant lui.

Il ne vint pas l'idée au jeune homme de lui offrir le bras ; il la suivit.

Arsène prit la rue Royale, que l'on appelait à cette époque la rue de la Révolution, tourna à droite, dans la rue Saint-Honoré, que l'on appelait la rue Honoré tout court; et, s'arrêtant devant la façade d'un magnifique hôtel, elle frappa.

La porte s'ouvrit aussitôt.

Le concierge regarda avec étonnement Arsène.

— Parlez, dit-elle au jeune homme, ou ils ne me laisseront pas entrer, et je serai obligée de retourner m'asseoir au pied de la guillotine.

— Mon ami, dit vivement Hoffmann en passant entre la jeune femme et le concierge, comme je traversais les Champs-Élysées, j'ai entendu crier au secours; je suis accouru à temps pour empêcher Madame d'être assassinée, mais trop tard pour l'empêcher d'être dépouillée. Donnez-moi vite votre meilleure chambre; faites-y allumer un grand feu, servir un bon souper. Voici un louis pour vous.

Et il jeta un louis d'or sur la table où était posée la lampe, dont tous les rayons semblèrent se concentrer sur la face étincelante de Louis XV.

Un louis était une grosse somme à cette époque, il représentait 925 francs en assignats.

Le concierge ôta son bonnet crasseux et sonna. Un garçon accourut à cette sonnette du concierge.

— Vite! vite! une chambre! la plus belle de l'hôtel pour Monsieur et Madame.

— Pour Monsieur et Madame ? reprit le garçon étonné, en portant alternativement son regard du costume plus que simple d'Hoffmann au costume plus que léger d'Arsène.

— Oui, dit Hoffmann, la meileure, la plus belle ; surtout qu'elle soit bien chauffée et bien éclairée : voici un louis pour vous.

Le garçon parut subir la même influence que le concierge, se courba devant le louis, et, montrant un grand escalier, à moitié éclairé seulement à cause de l'heure avancée de la nuit, mais sur les marches duquel, par un luxe bien extraordinaire à cette époque, était étendu un tapis.

— Montez, dit-il, et attendez à la porte du numéro 3.

Puis il disparut tout courant.

A la première marche de l'escalier Arsène s'arrêta.

Elle semblait, la légère sylphide, éprouver une difficulté invincible à lever le pied.

On eût dit que sa légère chaussure de satin avait des semelles de plomb.

Hoffmann lui offrit le bras.

Arsène appuya sa main sur le bras que

lui présentait le jeune homme, et quoiqu'il ne sentît pas la pression du poignet de la danseuse, il sentit le froid qui se communiquait de ce corps au sien.

Puis avec un effort violent Arsène monta la première marche et successivement les autres ; mais chaque degré lui arrachait un soupir.

— Oh! pauvre femme, murmura Hoffmann, comme vous avez dû souffrir!

— Oui, oui, répondit Arsène, beaucoup... J'ai beaucoup souffert.

Ils arrivèrent à la porte du n. 3.

Mais, presque aussitôt qu'eux, arriva le garçon porteur d'un véritable brasier.

il ouvrit la porte de la chambre, et en un instant la cheminée s'enflamma et les bougies s'allumèrent.

— Vous devez avoir faim? demanda Hoffmann.

— Je ne sais pas, répondit Arsène.

— Le meilleur souper que l'on pourra nous donner, garçon, dit Hoffmann.

— Monsieur, fit observer le garçon, on ne dit plus garçon, mais officieux. Après cela, Monsieur paie si bien, qu'il peut dire comme il voudra.

Puis, enchanté de la facétie, il sortit en disant :

— Dans cinq minutes le souper !

La porte refermée derrière l'officieux, Hoffmann jeta avidement les yeux sur Arsène.

Elle était si pressée de se rapprocher du feu, qu'elle n'avait pas pris le temps de tirer un fauteuil près de la cheminée ; elle s'était seulement accroupie au coin de l'âtre dans la même position où Hoffmann l'avait trouvée devant la guillotine, et là, les coudes sur ses genoux, elle semblait occupée à maintenir de ses deux mains sa tête droite sur ses épaules.

— Arsène ! Arsène ! dit le jeune

homme, je t'ai dit que j'étais riche, n'est-ce pas? Regarde, et tu verras que je ne t'ai pas menti.

Hoffmann commença par retourner son chapeau au-dessus de la table ; le chapeau était plein de louis et de doubles louis, et ils ruisselèrent du chapeau sur le marbre, avec ce bruit de l'or si remarquable et si facile à distinguer entre tous les bruits.

Puis, après le chapeau, il vida ses poches, et l'une après l'autre ses poches dégorgèrent l'immense butin qu'il venait de faire au jeu.

Un monceau d'or mobile et resplendissant s'entassa sur la table.

A ce bruit, Arsène sembla se ranimer; elle tourna la tête, et la vue parut achever la résurrection commencée par l'ouïe.

Elle se leva, toujours raide et immobile, — mais sa lèvre pâle souriait, — mais ses yeux vitreux, s'éclaircissant, lançaient des rayons qui se croisaient avec ceux de l'or.

— Oh! dit-elle, — C'est à toi tout cela?

— Non, pas à moi, mais à toi, Arsène.

— A moi ! fit la danseuse.

Et elle plongea dans le monceau de métal ses mains pâles.

Les bras de la jeune fille disparurent jusqu'au coude.

Alors cette femme, dont l'or avait été la vie, sembla reprendre la vie au contact de l'or.

— A moi ! disait-elle, à moi ! et elle prononçait ces paroles avec un accent vibrant et métallique qui se mariait d'une incroyable façon avec le cliquetis des louis.

Deux garçons entrèrent, portant une table toute servie, qu'ils faillirent laisser tomber en apercevant cet amas de richesses que pétrissaient les mains crispées de la jeune fille.

— C'est bien, dit Hoffmann, du vin de Champagne, et laissez-nous.

Les garçons apportèrent plusieurs bouteilles de vin de Champagne et se retirèrent.

Derrière eux, Hoffmann alla pousser la porte, qu'il ferma au verrou.

Puis, les yeux ardents de désirs, il revint vers Arsène, qu'il retrouva près de la table continuant de puiser la vie, non pas à cette fontaine de Jouvence, mais à cette source du Pactole.

— Eh bien ? lui demanda-t-il.

— C'est beau, l'or ! dit-elle, il y avait longtemps que je n'en avais touché.

— Allons ! viens souper, fit Hoffmann, et puis après, tout à ton aise, Danaé, tu te baigneras dans l'or si tu veux.

Et il l'entraîna vers la table.

— J'ai froid ! dit-elle.

Hoffmann regarda autour de lui : les fenêtres et le lit étaient tendus en damas rouge ; il arracha un rideau de la fenêtre, et le donna à Arsène.

Arsène s'enveloppa dans le rideau, qui sembla se draper de lui-même comme les plis d'un manteau antique, et sous cette draperie rouge, sa tête pâle redoubla de caractère.

Hoffmann avait presque peur.

Il se mit à table, se versa et but deux ou trois verres de vin de Champagne coup sur coup. Alors il lui sembla qu'une légère coloration montait aux yeux d'Arsène.

Il lui versa à son tour, et à son tour elle but.

Puis il voulut la faire manger ; mais elle refusa. Et comme Hoffmann insistait :

— Je ne pourrais avaler, dit-elle.

— Buvons, alors.

Elle tendit son verre.

— Oui, buvons.

Hoffmann avait à la fois faim et soif ; il but et mangea.

Il but surtout ; il sentait qu'il avait besoin de hardiesse ; non pas qu'Arsène, comme chez elle, parût disposée à lui résister, soit par la force, soit par le dédain, mais parce que quelque chose de glacé émanait du corps de la belle convive.

A mesure qu'il buvait, à ses yeux du moins, Arsène s'animait ; seulement, quand à son tour Arsène vidait son verre, quelques gouttes rosées roulaient de la partie inférieure du collier de velours sur la poitrine de la danseuse. Hoffmann regardait sans comprendre; puis, sentant quelque chose de terrible et de mystérieux là-dessous, il combattait ses frissons intérieurs en multipliant les toasts qu'il portait aux beaux yeux, à la belle bouche, aux belles mains de la danseuse.

Elle lui faisait raison, buvant autant que lui, et paraissant s'animer, non pas du vin qu'elle buvait, mais du vin que buvait Hoffmann.

Tout à coup un tison roula du feu.

Hoffmann suivit des yeux la direction du brandon de flamme, qui ne s'arrêta qu'en rencontrant le pied nu d'Arsène.

Sans doute pour se réchauffer, Arsène avait tiré ses bas et ôté ses souliers ; son petit pied, blanc comme le marbre, était posé sur le marbre de l'âtre, blanc aussi comme le pied avec lequel il semblait ne faire qu'un.

Hoffmann jeta un cri.

— Arsène, Arsène ! dit-il, prenez garde !

— A quoi ? demanda la danseuse.

— Ce tison... ce tison qui touche votre pied...

Et, en effet, il couvrait à moitié le pied d'Arsène.

— Otez-le, dit-elle tranquillement.

Hoffmann se baissa, enleva le tison et s'aperçut avec effroi que ce n'était pas la braise qui avait brûlé le pied de la jeune fille, — mais le pied de la jeune fille qui avait éteint la braise.

— Buvons! dit-il.

— Buvons ! dit Arsène.

Et elle tendit son verre.

La seconde bouteille fut vidée.

Cependant, Hoffmann sentait que l'ivresse du vin ne lui suffisait pas.

Il aperçut un piano.

— Bon !... s'écria-t-il. Il avait compris la ressource que lui offrait l'ivresse de la musique.

Il s'élança vers le piano.

Puis sous ses doigts naquit tout naturellement l'air sur lequel Arsène dansait ce pas de trois dans l'opéra de *Paris*, lorsqu'il l'avait vue pour la première fois.

Seulement, il semblait à Hoffman que les cordes du piano étaient d'acier. L'instrument à lui seul rendait un bruit pareil à celui de tout un orchestre.

— Ah! fit Hoffman, à la bonne heure!

Il venait de trouver dans ce bruit l'enivrement qu'il cherchait ; de son côté, Arsène se leva aux premiers accords.

Ces accords, comme un réseau de feu, avaient semblé envelopper toute sa personne.

Elle rejeta loin d'elle le rideau de damas rouge, et chose étrange, comme un changement magique s'opère au théâtre sans que l'on sache par quel moyen, un changement s'était opéré en elle, et au lieu de sa robe grise, au lieu de ses épaules veuves d'ornements, elle reparut avec le costume de Flore, tout ruisselant de fleurs, tout vaporeux de gaze, tout frissonnant de volupté.

Hoffmann jeta un cri, puis, redoublant d'énergie, il sembla faire jaillir une vigueur infernale de cette poitrine du clavecin, toute résonnante sous ses fibres d'acier.

Alors le même mirage revint troubler l'esprit d'Hoffmann. Cette femme bondissante, qui s'était animée par degrés, opérait sur lui avec une attraction irrésistible. Elle avait pris pour théâtre tout l'espace qui séparait le piano de l'alcôve, et, sur le fond rouge du rideau, elle se détachait comme une apparition de l'enfer. Chaque fois qu'elle revenait du fond vers Hoffmann, Hoffmann se soulevait sur sa chaise ; chaque fois qu'elle s'éloignait vers le fond, Hoffmann se sentait entraîné sur ses pas. Enfin, sans qu'Hoffmann comprît comment la chose se faisait, le mouvement changea sous ses doigts ; ce ne fut plus l'air qu'il avait entendu qu'il joua, ce fut une valse ; cette valse, c'était *le Désir*, de Beethoven ; elle était venue, comme une expression de sa pensée, se placer sous ses doigts. De son côté, Arsène avait changé de mesure ; elle tourna sur elle-même d'abord, puis, peu à peu, élargissant le rond qu'elle traçait, elle se rapprocha d'Hoffmann ; Hoffmann, haletant, la sentait venir, la sentait se rapprocher ; il comprenait qu'au dernier cercle elle allait le toucher, et qu'alors force lui serait de se lever à son tour et de prendre part à cette valse brûlante. C'était à la fois chez lui du désir et de l'effroi. Enfin Arsène, en passant, étendit la main, et du bout des doigts l'effleura. Hoffmann poussa un cri, bondit comme si l'étincelle électrique l'eût touché ; s'élança sur la trace de la danseuse, la joignit, l'enlaça dans ses bras, continuant dans sa pensée l'air interrompu en réalité, pressant contre son cœur ce corps qui avait repris son élasticité, aspirant les regards de ses yeux, le souffle de sa bouche, dévorant de ses aspirations à lui ce cou, ces épaules, ces bras, tournant non plus dans un air respirable, mais dans une atmosphère de flamme qui, pénétrant jusqu'au fond de la poitrine des deux valseurs, finit par les jeter, haletants et dans l'évanouissement du délire, sur le lit qui les attendait.

Quand Hoffmann se réveilla le lendemain, un de ces jours blafards des hivers de Paris venait de se lever et pénétrait jusqu'au lit, par le rideau arraché de la fenêtre. Il regarda autour de lui, ignorant où il était, et sentit qu'une masse inerte pesait à son bras gauche. Il se pencha du côté où l'engourdissement gagnait son cœur, et reconnut, couchée près de lui, non plus la belle danseuse de l'Opéra, mais la pâle jeune fille de la place de la révolution.

Alors il se rappela tout, tira de dessous ce corps raidi son bras glacé, et voyant que ce corps demeurait immobile, il saisit un candélabre, où brûlaient encore cinq bougies, et à la double lueur du jour et des bougies, il s'aperçut qu'Arsène était sans mouvement, pâle et les yeux fermés.

Sa première idée fut que la fatigue avait été plus forte que l'amour, que le désir, que la volonté, et que la jeune fille s'était évanouie. Il prit sa main, sa main était glacée ; il chercha les battements de son cœur, son cœur ne battait plus.

Alors une idée horrible lui traversa l'esprit ; il se pendit au cordon d'une sonnette, qui se rompit entre ses mains, puis s'élançant vers la porte, il l'ouvrit, et se précipita par les degrés en criant :

— A l'aide ! au secours !

Un petit homme noir montait justement à la même minute l'escalier que descendait Hoffmann. Il leva la tête,

Hoffmann jeta un cri, il venait de reconnaître le médecin de l'Opéra.

— Ah! c'est vous, mon cher Monsieur, dit le docteur en reconnaissant Hoffmann à son tour : qu'y a-t-il donc et pourquoi tout ce bruit ?

— Oh! venez, venez, dit Hoffmann, ne prenant pas la peine d'expliquer au médecin ce qu'il attendait de lui et espérant que la vue d'Arsène inanimée ferait plus sur le docteur que toutes ses paroles. — Venez!

Et il l'entraîna dans la chambre.

Puis, le poussant vers le lit, tandis que de l'autre il saisissait le candélabre qu'il approchait du visage d'Arsène :

— Tenez, dit-il, voyez !

Mais loin que le médecin parût effrayé :

— Ah ! c'est bien à vous, jeune homme, dit-il, c'est bien à vous d'avoir racheté ce corps afin qu'il ne pourrît pas dans la fosse commune... Très bien ! jeune homme, très bien !

— Ce corps... murmura Hoffmann, racheté... la fosse commune... que dites-vous donc là ? mon Dieu !

— Je dis que notre pauvre Arsène, arrêtée hier à huit heures du matin, a été jugée hier à deux heures de l'après-midi, et a été exécutée hier à quatre heures du soir.

Hoffmann crut qu'il allait devenir fou ; il saisit le docteur à la gorge.

— Exécutée hier à quatre heures ! cria-t-il en étranglant lui-même, Arsène exécutée !

Et il éclata de rire, mais d'un rire si étrange, si strident, si en dehors de toutes les modulations du rire humain, que le docteur fixa sur lui des yeux presque effarés.

— En doutez-vous ? demanda-t-il ?

— Comment ! s'écria Hoffmann, si j'en doute. Je le crois bien. J'ai soupé, j'ai valsé, j'ai couché cette nuit avec elle.

— Alors, c'est un cas étrange, et que je consignerai dans les annales de la médecine, dit le docteur, et vous signerez au procès-verbal, n'est-ce pas !

— Mais je ne puis signer, puisque je vous démens, puisque je dis que cela est impossible, puisque je dis que cela n'est pas !

— Ah ! vous dites que cela n'est pas, reprit le docteur ; vous dites cela à moi, le médecin des prisons ; à moi qui ai fait tout ce que j'ai pu pour la sauver, et qui n'ai pu y parvenir ; à moi, qui lui ai dit adieu au pied de la charrette. Vous dites que cela n'est pas ! Attendez !

Alors le médecin étendit le bras, pressa le petit ressort en diamant qui servait d'agrafe au collier de velours, et tira le velours à lui.

Hoffmann poussa un cri terrible. Cessant d'être maintenue par le seul lien qui la rattachait aux épaules, la tête de la suppliciée roula du lit à terre et ne s'arrêta qu'au soulier d'Hoffmann, comme le tison ne s'était arrêté qu'au pied d'Arsène.

Le jeune homme fit un bond en arrière, et se précipita par les escaliers en hurlant.

— Je suis fou !

XI

Un hôtel de la rue Saint-Honoré (suite).

L'exclamation d'Hoffmann n'avait rien d'exagéré : cette faible cloison qui, chez le poëte, exerçant outre mesure ses facultés cérébrales, cette faible cloison, disons-nous, qui, séparant l'imagination de la folie, semble parfois prête à se rompre, craquait dans sa tête avec le bruit d'une muraille qui se lézarde.

Mais, à cette époque, on ne courait pas longtemps dans les rues de Paris sans dire pourquoi l'on courait ; les Parisiens étaient devenus très curieux en l'an de grâce 1793 ; et, toutes les fois qu'un homme passait en courant, on arrêtait cet homme pour savoir après qui il courait ou qui courait après lui.

On arrêta donc Hoffmann en face de l'église de l'Assomption, dont on avait fait un corps-de-garde, et on le conduisit devant le chef du poste.

Là, Hoffmann comprit le danger réel qu'il courait : les uns le tenaient pour un aristocrate prenant sa course afin de gagner plus vite la frontière, les autres criaient : à l'agent de Pitt et Cobourg. Quelques-uns criaient : à la lanterne! ce qui n'était pas gai; d'autres criaient au tribunal révolutionnaire, ce qui était moins gai encore. On revenait quelquefois de la lanterne, témoin l'abbé Maury; du tribunal révolutionnaire, jamais.

Alors Hoffmann essaya d'expliquer ce qui lui était arrivé depuis la veille au soir. Il raconta le jeu, le gain. Comment, de l'or plein ses poches, il avait couru rue de Hanovre; comment la femme qu'il cherchait n'y était plus, comment, sous l'empire de la passion qui le brûlait, il avait couru les rues de Paris; comment, en passant sur la place de la Révolution, il avait trouvé cette femme assise au pied de la guillotine; comment elle l'avait conduit dans un hôtel de la rue Saint-Honoré, et comment là, après une nuit pendant laquelle tous les enivrements s'étaient succédé, il avait trouvé non seulement, reposant entre ses bras une femme morte, mais encore une femme décapitée.

Tout cela était bien improbable; aussi le récit d'Hoffmann obtint-il peu de croyance : les plus fanatiques de vérité crièrent au mensonge, les plus modérés crièrent à la folie.

Sur ces entrefaites, un des assistants ouvrit cet avis lumineux :

— Vous avez passé, dites-vous, la nuit dans un hôtel de la rue Saint-Honoré ?

— Oui.

— Vous y avez vidé vos poches pleines d'or sur une table ?

— Oui.

— Vous y avez couché et soupé avec la femme dont la tête, roulant à vos pieds, vous a causé ce grand effroi dont vous étiez atteint quand nous vous avons arrêté ?

— Oui.

— Et bien ! cherchons l'hôtel, on ne trouvera peut être plus l'or, mais on trouvera la femme.

— Oui, cria tout le monde, cherchons, cherchons.

Hoffmann eût bien voulu ne pas chercher ; mais force lui fut d'obéir à l'immense volonté résumée autour de lui par ce mot *cherchons*.

Il sortit donc de l'église, et continua de descendre la rue Saint-Honoré en cherchant.

La distance n'était pas longue de l'église de l'Assomption à la rue Royale. Et cependant Hoffmann eut beau chercher, négligemment d'abord, puis avec plus d'attention, puis enfin avec volonté de trouver, il ne trouva rien, qui lui rapelât l'hôtel où il était entré la veille, où il avait passé la nuit, d'où il venait de sortir. Comme ces palais féeriques qui s'évanouissent quand le machiniste n'a plus besoin d'eux, l'hôtel de la rue Saint-Honoré avait disparu après que la scène infernale que nous avons essayé de décrire avait été jouée.

Tout cela ne faisait pas l'affaire des badauds qui avaient accompagné Hoffmann et qui voulaient absolument une solution quelconque à leur dérangement ; or, cette solution ne pouvait être que la découverte du cadavre d'Arsène ou l'arrestation d'Hoffmann comme suspect.

Mais, comme on ne retrouvait pas le corps d'Arsène il était fortement question d'arrêter Hoffmann, quand tout-à-coup celui-ci aperçut dans la rue le petit homme noir et l'appela à son secours, invoquant son témoignage sur la vérité du récit qu'il venait de faire.

La voix d'un médecin a toujours une grande autorité sur la foule. Celui-ci déclina sa profession, et on le laissa s'approcher d'Hoffmann.

— Ah! pauvre jeune homme, dit-il en lui prenant la main, sous prétexte de lui tâter le pouls, mais en réalité pour lui conseiller, par une pression particulière, de ne pas le démentir, pauvre jeune homme, il s'est donc échappé!

— Echappé d'où? échappé de quoi? s'écrièrent vingt voix toutes ensemble.

— Oui, échappé d'où? demanda Hoffmann, qui ne voulait pas accepter la voie de salut que lui offrait le docteur et qu'il regardait comme humiliante.

— Parbleu! dit le médecin, échappé de l'hospice.

— De l'hospice! s'écrièrent les mêmes voix, et quel hospice?

— De l'hospice des fous.

— Ah! docteur, docteur, s'écria Hoffmann, pas de plaisanterie.

— Le pauvre diable! s'écria le docteur sans paraître écouter Hoffmann, le pauvre diable aura perdu sur l'échafaud quelque femme qu'il aimait.

— Oh! oui, oui. dit Hoffmann, je l'aimais bien, mais pas comme Antonia cependant.

— Pauvre garçon, dirent plusieurs femmes qui se trouvaient là et qui commençaient à plaindre Hoffmann.

—Oui, depuis ce temps, continua le docteur, il est en proie à une hallucination terrible ; il croit jouer... il croit gagner... Quand il a joué et qu'il a gagné, il croit pouvoir posséder celle qu'il aime; puis avec son or, il court les rues ; puis il rencontre une femme au pied de la guillotine ; puis il l'emmène dans quelque magnifique palais, dans quelque splendide hôtellerie où il passe la nuit à boire, à chanter, à faire de la musique avec elle ; après quoi il la trouve morte. N'est-ce pas cela qu'il vous a raconté ?

— Oui, oui, cria la foule, — mot pour mot.

— Eh bien! eh bien! dit Hoffmann, le regard étincelant, direz-vous que ce n'est pas vrai, vous, docteur? — vous qui avez ouvert l'agrafe de diamants qui fermait le collier de velours. Oh! j'aurais dû me douter de quelque chose, quand j'ai vu le vin de Champagne suinter sous le collier; quand j'ai vu le tison enflammé rouler sur son pied nu; — et son pied nu, son pied de morte, au lieu d'être brûlé par le tison ; — l'éteindre.

— Vous voyez, vous voyez, dit le docteur avec des yeux pleins de pitié et vec une voix lamentable, — voilà sa folie qui lui reprend.

— Comment, ma folie! s'écria Hoffman ; comment, vous osez dire que ce n'est pas vrai! Vous osez dire que je n'ai pas passé la nuit avec Arsène, qui a été guillotinée hier ! Vous osez dire que son collier de velours n'était pas la seule chose qui maintint sa tête sur ses épaules ! Vous osez dire que, lorsque vous avez ouvert l'agrafe et enlevé le collier, la tête n'a pas roulé sur le tapis ! — Allons donc, docteur, allons donc, vous savez bien que ce que je dis est vrai, vous.

— Mes amis, dit le docteur, vous êtes bien convaincus maintenant, n'est-ce pas?

— Oui, oui, crièrent les cent voix de la foule.

Ceux des assistants qui ne criaient pas, remuaient mélancoliquement la tête en signe d'adhésion.

— Eh bien! alors, dit le docteur, faites avancer un fiacre, afin que je le reconduise.

— Où cela? cria Hoffmann ; où voulez-vous me reconduire?

— Où? dit le docteur, à la maison des fous, dont vous vous êtes échappé, mon bon ami.

Puis, tout bas :

— Laissez-vous faire, morbleu! dit le docteur, ou je ne réponds pas de vous.

Ces gens-là croiront que vous vous êtes moqué d'eux, et ils vous mettront en pièces.

Hoffmann poussa un soupir et laissa tomber ses bras.

— Tenez, vous voyez bien, dit le docteur, maintenant le voilà doux comme un agneau. La crise est passée..... là, mon ami, là...

Et le docteur parut calmer Hoffmann de la main, comme on calme un cheval emporté ou un chien rageur.

Pendant ce temps on avait arrêté un fiacre et on l'avait amené.

— Montez vite, dit le médecin à Hoffmann.

Hoffmann obéit; toutes ses forces s'étaient usées dans cette lutte.

— A Bicêtre! dit tout haut le docteur en montant derrière Hoffmann.

Puis tout bas au jeune homme :

— Où voulez-vous qu'on vous descende? demanda-t-il.

— Au Palais-Égalité, articula péniblement Hoffmann.

— En route, cocher, cria le docteur.

Puis il salua la foule.

— Vive le docteur ! cria la foule.

Il faut toujours que la foule, lorsqu'elle est sous l'empire d'une passion, crie vive quelqu'un ou meure quelqu'un.

Au Palais-Égalité le docteur fit arrêter le fiacre.

— Adieu, jeune homme, dit le docteur à Hoffmann, et, si vous m'en croyez, partez pour l'Allemagne le plus vite possible ; il ne fait pas bon en France pour les hommes qui ont une imagination comme la vôtre.

Et il poussa hors du fiacre Hoffmann, qui, tout abasourdi encore de ce qui venait de lui arriver, s'en allait tout droit sous une charrette qui faisait chemin en sens inverse du fiacre, si un jeune homme qui passait ne se fût précipité et n'eût retenu Hoffmann dans ses bras au moment où, de son côté, le charretier faisait un effort pour arrêter ses chevaux.

Le fiacre continua son chemin.

Les deux jeunes gens, celui qui avait failli tomber et celui qui l'avait retenu, poussèrent ensemble un seul et même cri :

— Hoffmann !

— Werner !

Puis, voyant l'état d'atonie dans lequel se trouvait son ami, Werner l'entraîna dans le jardin du Palais-Royal.

Alors la pensée de tout ce qui s'était passé revint plus vive au souvenir d'Hoffmann, et il se rappela le médaillon d'Antonia mis en gage chez le changeur allemand.

Aussitôt il poussa un cri en songeant qu'il avait vidé toutes ses poches sur la table de marbre de l'hôtel. Mais en même temps il se souvint qu'il avait mis, pour le dégager, trois louis à part dans le gousset de sa montre.

Le gousset avait fidèlement gardé son dépôt; les trois louis y étaient toujours.

Hoffmann s'échappa des bras de Werner en lui criant : Attends-moi ! et s'élança dans la direction de la boutique du changeur.

A chaque pas qu'il faisait, il lui semblait, sortant d'une vapeur épaisse, s'avancer à travers un nuage toujours s'éclaircissant, vers une atmosphère pure et resplendissante.

A la porte du changeur, il s'arrêta pour respirer ; l'ancienne vision, la vision de la nuit avait presque disparu.

Il reprit haleine un instant et entra.

Le changeur était à sa place, les sébilles en cuivre étaient à leur place.

Au bruit que fit Hoffmann en entrant, le changeur leva la tête.

—Ah! ah! dit-il, c'est vous, mon jeune compatriote; ma foi, je vous l'avoue, je ne comptais pas vous revoir.

— Je présume que vous ne me dites pas cela parce que vous avez disposé du médaillon, s'écria Hoffmann.

—Non, je vous avais promis de vous le garder, et m'en eût-on donné vingt-cinq louis, au lieu de trois, que vous me devez, le médaillon ne serait pas sorti de ma boutique.

— Voici les trois louis, dit timidement Hoffmann; mais je vous avoue que je n'ai rien à vous offrir pour les intérêts.

— Pour les intérêts d'une nuit, dit le changeur, allons donc, vous voulez rire ; les intérêts de trois louis pour une nuit, et à un compatriote ! jamais.

Et il lui rendit le médaillon.

— Merci, monsieur, dit Hoffmann ; et, maintenant, continua-t-il avec un soupir, je vais chercher de l'argent pour retourner à Manheim.

— A Manheim, dit le changeur, tiens, vous êtes de Manheim ?

— Non, monsieur, je ne suis pas de Manheim, mais j'habite Manheim : ma fiancée est à Manheim ; elle m'attend, et je retourne à Manheim pour l'épouser.

— Ah ! fit le changeur.

Puis, comme le jeune homme avait déjà la main sur le bouton de la porte :

— Connaissez-vous, dit le changeur, à Manheim, un ancien ami à moi, un vieux musicien?

— Nommé Gottlieb Murr ? s'écria Hoffmann.

— Justement, vous le connaissez?

— Si je le connais ! je le crois bien,

puisque c'est sa fille qui est ma fiancée.

— Antonia! s'écria à son tour le changeur.

— Oui, Antonia, répondit Hoffmann.

— Comment, jeune homme, c'était pour épouser Antonia que vous retourniez à Manheim?

— Sans doute.

— Restez à Paris, alors, car vous feriez un voyage inutile.

— Pourquoi cela?

— Parce que voilà une lettre de son père qui m'annonce qu'il y a huit jours, à trois heures de l'après-midi, Antonia est morte subitement en jouant de la harpe.

C'était juste le jour où Hoffmann était allé chez Arsène pour faire son portrait ; c'était juste l'heure où il avait pressé de ses lèvres son épaule nue.

Hoffmann, pâle, tremblant, anéanti, ouvrit le médaillon pour porter l'image d'Antonia à ses lèvres, mais l'ivoire en était redevenu aussi blanc et aussi pur que s'il était vierge encore du pinceau de l'artiste.

Il ne restait rien d'Antonia à Hoffmann, deux fois infidèle à son serment, pas même l'image de celle à qui il avait juré un amour éternel.

Deux heures après, Hoffmann, accompagné de Werner et du bon changeur, montait dans la voiture de Manheim, où il arriva juste pour accompagner au cimetière le corps de Gottlieb Murr, qui avait recommandé en mourant qu'on l'enterrât côte à côte de sa chère Antonia.

FIN.

TABLE

Chap. I. Comment les musées et les bibliothèques étaient fermés, mais comment la place de la révolution était ouverte 1

II. Le Jugement de Pâris 31

III. Arsène 59

IV. La deuxième représentation du Jugement de Pâris 99

V. L'estaminet 131

VI. Le portrait 159

VII. Le tentateur 187

VIII. Le n° 113 209

IX. Le médaillon 245

X. Un hôtel de la rue Saint-Honoré . . . 271

XI. Un hôtel de la rue Saint-Honoré (suite) . . 307

Impr. de E. Dépée, Sceaux.

www.ingramcontent.com/pod-product-compliance
Lightning Source LLC
Chambersburg PA
CBHW072015150426
43194CB00008B/1115